歡迎光臨苦悶諮商車，
「瘋狂」精神科醫師派送幸福中！

林宰暎（임재영）——著
盧鴻金——譯

目錄

第二章

無法向任何人傾訴的話 61

第三章

我覺得人生不適合我 105

第四章

最近心情怎麼樣？ 163

第五章

我也可以變得幸福嗎？ 199

【序言】

一個在你身邊的人

在醫院服務時見到的病患，
大部分都是孤單之人。
雖然有父母、兄弟、子女，
也有前後輩、同事、朋友，
但無一例外地都非常孤單。

他們都這麼說：

「身邊有人又如何？也不能跟他們說我的心裡話。」

「如果把我的心裡話說出來，聽的人會很累，只好自己壓抑。」

他們都是想說心裡話，但都無法說出口的人。

只要有「一個人」願意聽他們的心裡話就行了，

可是就因為沒有那一個人，只好自己忍耐、忍耐、再忍耐，

結果罹患心病。

為了因各種理由無法見到精神科醫師的
孤單之人，
為了無法向人傾訴、獨自忍耐的
孤單之人，
在他們罹患心病之前，我想幫助他們。
我想成為安慰他們的那「一個人」。

在不是醫院的地方，

在無法使用藥物的地方，
為了這些心痛之人，
我想成為那種幫助病患、
能夠自己為自己立下處方的醫師。
我想留在你們身邊，成為那樣的一個人。

第一章

瘋了的精神科醫師

我和你一樣，
都是軟弱的存在。

所以只是一起難過、
一起孤單罷了。

我也和你一樣，
沒有辦法獨自堅持下去。

我也和你一樣，
沒有辦法支撐下去。

我也和你一樣，
因為你就是我。

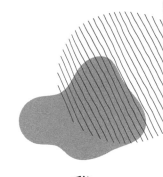

我也曾經罹患心病

我現在雖然是精神科醫師，但也曾經是罹患心病的病患。在多樣的專攻科目中，之所以選擇精神科的理由是我希望研究自己的病，然後親自治療。其實也就是因爲得了心理疾病，所以成爲精神科醫師。

不會有人想得病，如果眞的有人想成爲病患，那這個人應該先接受精神健康的診斷。大家都希望能避開疾病，也希望在死之前，健健康康地活著，然後健健康康地死去。爲此，有許多人實際上花了很多錢、做了很多努力。即便如此，疾病總是突然找上門，我也是如此。以前我認爲疾病是會選人的，我會是那個例外。事實上，我希望如此相信，因爲對於生病這件事，我根本不願意做任何想像。

找上我的是心病。當時我是醫學院學生，學習治療病患、救活即將死去的病人，但我的成績和自尊心完全處於谷底。我爲自己開脫，認爲學醫不適合我的性向，逃避現實。用一句話來概括，我是適應不良者、劣等生。在經歷數年的內心煎熬後，還是不可避免地得了心病。我學習如何幫助病患，可是自己卻反而得了心病。最終我甚至想退學，卻沒有付諸實現的勇氣。我瞧不起、責備卑怯的自己。我愈來愈討厭自己，憂鬱症愈來愈嚴重，自憐也愈來愈深。

我沒有向任何人說過內心的痛苦，其實是無法說出口，因爲自尊心、面子，我把這些事情藏在心裡。我無法向人請求幫助，只能依賴酒精，那是我給自己下的處方，想安慰自己悲慘、憂鬱的內心。酒當然無法知曉我內心的情況，它無法理解我，也不可能和我產生共鳴。但我還是依賴酒精，於是不僅憂鬱症未見好轉，還導致酒精中毒。

在四處碰壁的困難中，我感覺自己好不容易才活下來。宛如在沙漠裡心焦之時，發生了令我無法預料的事，如同發現沙漠的綠洲一樣，那就是精神科的課程。這對逐漸枯死的我而言，實在是奇蹟。我終於覺得自己有可能從這無垠的沙漠中解放，我期許自己能夠治療自己的心病。正如絕望一般，希望也總在某一天無預警地出現。

在研讀精神科課程的時候，我逐漸出現變化。罹患疾病的我（病患）遇見了想要治病的我（醫師），曾經身爲病患的我從醫師的觀點仔細分析自我，於是我發現自己絕非令人寒心、看不順眼的存在，而是令人惋惜、值得同情的病患。

還有另外的契機，讓我從病患再次變爲醫師，不是經由醫學專門書籍或教授的指導，而是在內科實習時遇見的四十多歲癌症末期的病患，以及在精神科實習時見到的二十出頭憂鬱症病患。

那位四十多歲的癌末病人想盡辦法要活下去，他說他一定得活下去，也只能這麼做，因爲他有平生只依靠丈夫而活的妻子，以及依靠父親成長的孩子們。他無法拋下依靠自己的家人，先行離開。他看起來彷彿是只要能再次獲得健康的身體，無論什麼都可以做到的那種人，所以他每天忍受極端的痛苦，就是爲了能和妻兒長久地走下去。即便這個希望不被允許，他也爲了能和家人多相聚一天而忍受治療的苦痛。

和他完全相反，那位罹患憂鬱症的二十出頭女大學生卻是想盡辦法要結束自己的人生。哪怕只能提早一天，她也想盡快拋下父母、兄弟，獨自死去。她說她根本不期待也許會及時出現的希望，她只想趕緊死去，也許只能如此也未可知。因爲她現在的生命毫無希望，自然也無法期待、等候更好的未來。剛開始，她並不想自殺，她也想盡全力解決自己紛擾、毫無頭緒的問題。爲了從沼澤中掙脫出來，她拚死命苦苦掙扎，但是情況並沒有變好，反而陷入更深的沼澤中。她終於自暴自棄，再也無法承受令她窒息的苦痛。她相信死亡才是讓自己痛苦結束的唯一方法。

一個人拖著病痛的身體，心想無論如何得活下去；
另一個人擁有健康的身體，但卻想盡辦法要結束自己的人生。
即便身體病痛，還是期望自己能活下去；
但如果心裡得病，產生的不是想活下去的意念，
而是想死去的決心。

這是我從他們身上學到的東西。

我實際經歷過的內心痛苦，以及從病患身上領悟到的這兩種經驗，引導我走向精神科醫師的道路。我自己的疾病，以及我遇到的兩名病患告訴我未來應該走的路。

這裡有兩個問題：

「你是身體病痛的人，還是心裡罹病之人？」

「即便如此，你是想活下去呢？還是希望死去？」

對於上面這兩個問題，你無論做任何回答都沒有關係。這「沒有關係」並不意味著「無所謂」，而是「可以充分如此」的意思。事實上，如果身體疼痛，內心也會跟著疼痛，而且無論身體或心靈，如果痛到再也無法忍受的地步，則欲死之心也會隨之產生。但如果內心的一個角落還存在著活下去的渴望，心裡則會輾轉難定。可是如果心病愈發嚴重，則能承受的力氣也必然爲之消失，想活下去的意欲也會消失於無形。

你可能想死去，但背後一定有相應的理由，所以才有這種想法。

你可以有想死的理由，但絕對不是你可以去死！

瘋了的精神科醫師

現實要我放棄夢想，
我不希望我的夢想被奪走。
我想從現實當中脫身，
所以我脫下了醫師的白袍。
我說我不要走那條醫師們命定的路，
我要走另一條不合常理的路。

大家都說我瘋了，

但我只有那條路可走。

在那條路上發生了無法預料的事，

也出現了未曾計畫的事。

在新的路上，我知道了以前不知道的，

在新的現實裡，我找到了自己的夢想。

此刻，我又想再一次脫下醫師的白袍，

就像那時一樣，再次走上不合常理的路。

這次大家可能也會說我瘋了，

是的，因爲我是「瘋了的精神科醫師」。

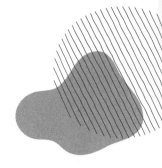

在不合常理的路上找到的答案

考上醫學院時，我還以爲自己眞的是領先群倫，但在學期開始後，我開始落後，知識、成績都差了同學一大截。我安慰自己，我和同班同學搭乘同一條船，只是我的座位比較後面而已。可是最終我還是留級，我以爲我可以和同學一起航行，到達目的地，但是那條船把我丟在大海裡，然後就開走了。

我追問自己：

「這段期間你到底做了什麼？你做了什麼，怎麼會走到這一步？」

父母也問我相同的問題，我無法回答，因爲我根本不知道自己究竟做了什麼。可是我確實了解到一件事，那就是「只有我落後了」的這個現實。我得和學弟妹一起上課，所以是落後了一年。當時我充滿懷疑地反問自己：

「這不是我該走的路嗎？」

「老天爺是不是想告訴我這不是我該走的路，所以讓我留級？」

在問題還沒能得到答案之前，我立刻辦理了復學。後來雖沒有再遭到留級的命運，但我又再次跌入大海之中，我在母校實習考試中落榜了。其實我早就有心理準備，在校成績不好，醫師考試成績也欠佳，最重要的是面試，但在面試的過程中，我的表現實在令人寒心。我在教授面前頻頻發抖，緊張到我無法完整回答問題的程度。如果有人問我是不是精神有問題，我也無言以對。「落榜了！」我比任何人都早知道自己的結果。

在這種情況下，我去了鄉下的衛生所，在那裡服了替代役。在診療結束，回到宿舍，我經常如此想：

「我服完替代役就二十九歲了，同學們三十歲就能成爲專科醫師，我眞是落後太多了，到了這個年紀，在這個鄉下，我到底在做什麼？」

服完替代役後，我對未來仍舊沒有計畫，因爲我沒有再次挑戰實習考試的信心。再次落榜的預感嚴襲而來，所以我決定不參加實習考試，我不想再次遭遇已經預見的失敗。於是我決定從現實中逃脫，而且逃得愈遠愈好。

我逃到澳洲去，用學習外語爲藉口，在我已經二十九歲那年。我不知道父母、朋友們知不知道自己被欺騙，但我沒有被自己欺騙，不，是沒有辦法被自己欺騙。

在韓國找不到出路，於是我飛到澳洲，但仍然找不到答案。前途黯淡、希望渺茫，無論在韓國還是澳洲其實都一樣。我因爲不參加考試，所以獲得短暫的舒緩，但不安卻很快到來。

「我現在在這裡應該做什麼？我如何才能找到自己的路？」

我找不到答案，無論我再怎麼苦惱也毫無頭緒。根本沒有計畫，怎麼會跑到這裡來？因爲來了澳洲，我的成績也無法獲得改變，接受外語研修，也不會給我加分。問題並不在於其他地方，造成這個局面的我就是最大的問題。明年就三十歲了，我只是在浪費時間、金錢而已。

不安到達頂點時，身體就開始出現異常症狀。我的心臟開始急速跳動，胸口熾熱、呼吸急促。我厭惡、痛恨自己，如果無法盡快從這個情況中解脫，我眞的會無法原諒自己。我當時已經不認爲自己是逃避者，我認爲自己是失敗者。

我需要轉折點，我迫切需要能改變情況的東西。無論如何，我想改變當時的情況，就算把我內部的一切完全攪碎也必須如此。

「可是要如何改變自己呢？如何才能解決我的問題？」

我想不起答案，因爲我不相信自己。近十年來，我根本沒做過任何一件讓自己能得到信任的事。憂鬱症非常嚴重，從來沒曠課過的英語課程開始缺課。我認爲自己的未來不可能有改變，於是所有事情都變得虛無。我開始一整天只躺在房間裡，曾幾何時，我又掉進茫茫大海裡。可是沒有人把我推下去，而是我自己跳下去，獨自掙扎，海水愈來愈深。那年，正是我即將邁入三十歲的最後一年。

「我怎麼會變成這樣？怎麼會變成這副德性？」

我連臉都不洗，一天到晚只是躺在房間裡，我對自己的這副模樣實在感到厭煩。我不想讓任何人看到我令人厭惡的面容，我對自己的輕蔑到達頂點，我開始懲罰自己。

可是我突然覺悟，我現在這個情況、現在感受到的這種情感並非第一次出現，所以我暫時停止對自己的懲罰，躺著閉上眼睛，往前回溯。我想起服替代役的時候、實習考試落榜的那天、繳交實習考試申請書的那天、醫學院公布留級的那天，除此之外，還想起許多令自己心痛的時刻。

這些是從很久以前就反覆出現的事，覺得一切都很麻煩、覺得一切都很討厭的日子一點一滴地呈現，現在這一瞬間也是一樣。那一剎那，我的背脊冒出一陣冷意。只有時間和空間不同，我所感受到的，無論是那時還是現在都一樣，無論在哪裡都相同。

我總是把自己交給感覺，這就是問題所在。當我發現問題所在後，我開始變得不同，因爲我可以往後退一步查看被捲入漩渦的自己。

這些都是從我自己開始、從我的內面發生的問題。在知道問題所在後，我才似乎看到如何找到答案的方法。這是我期待已久的轉折點。想解決問題的話，不要受感覺左右，而要成爲能調整感覺的人。不能成爲感情的奴隸，而是要成爲主人。

同時，我想起遺忘許久的某人，那個想成爲精神科醫師的以前的我。很高興啊！好像見到許久未曾謀面的故鄉朋友，我質問他怎麼現在才跟我聯絡。就是從那時開始，發生了難以預料的事情，我開始以不同的角度檢視我的問題。在我認爲是問題所在的我的樣貌中，竟然存在我要尋找的答案。

我來澳洲不是爲了逃避。我在追尋夢想的時候跌倒，非常疼痛，我想再站起來，可是十分畏懼，會不會又再次跌倒？如果我眞的無法再站起來怎麼辦？所以我癱坐在那個地方，那並不是逃避現實，而是「中場休息時間」，爲了能繼續朝著我的夢想前進，爲了能獲取再次站起的充電時間。只是因爲恐懼，所以先解釋爲逃避現實罷了，來到這麼遙遠國度的眞正目的是希望能守護自己的夢想。

這眞是大逆轉。我總是被追趕、驅逐的處境，在一瞬間獲得重新詮釋的機會，好久沒有嚐到這麼痛快的滋味了。

從那天起，我開始變得不同。和以前相異，我得以用積極、主動的觀點去審視自己的人生。從那天以後，雖然還是有幾次即將被擊倒的瞬間，但我總是努力不要再回復以前那種被動的態度。

我從來不曾落後，只是認爲自己落後罷了。

我總是朝著我的夢想前進。

現在也是一樣。

直到我們說再見

人活著，就會經歷各種事情，那些不曾盼望、不曾預料的事情總是等待著我們，其中也包括疾病。我們都曾有過無病健康的歲月，那時總以爲未來也會如此健康，絕對不會想到以後會失去健康。但無論何人、何時，都有可能病痛，也許現在健康的人正是以後會得病的人。心病也不例外，正如同我們無法預知身體會得病，心病也是如此，任何人都沒有例外。

之前提到的那個女大學生也是一樣，她看到網路上報導某個罹患憂鬱症的獨居老人自殺的消息，但她從未想過那種病也會降臨到她身上。不，這類令人毛骨悚然的病症，她甚至連想都不願意想。所以即便她沒胃口、爲失眠所苦，她也自我安慰說是「因爲太熱才會這樣」、「因爲壓力才會這樣」，但最終她失去了想活下去的欲望。她太晚發現疾病已經找上門，如果她早點知道那是疾病，她可能會接受治療，但她沒能把自己的變化和疾病聯想在一起。

問題是從她「得病的那一瞬間」開始，周圍的人不再將她看作是自己認識的那個人，她也無法像以前一樣看待自己，於是眞的好像變成另外一個人了。失去精神健康後，原來的自我也跟著失去。雖然失去健康之後，無法像健康的時候一般生活，但千萬不要認爲自己的健康已經失去，所以人生的一切也將跟著喪失。失去健康的人沒有必要放棄更多的東西，讓喪失感更加嚴重；也沒有必要埋葬與親朋好友的美好記憶，甚至否定自己的價值。最重要的是必須阻止喪失「自我」的發生。

當失去了什麼東西的時候，心裡會產生再放棄什麼的念頭。舉例來說，如果手機丟了，心裡會想「啊！不管了，反正都已經丟了，再買一支新的吧！」，然後又突然買了一支不符合自己經濟情況的手機；或者丟了錢包，裡面的現金已經不可能再找回來，可還是一直想著那些錢，浪費時間和精力。在心理學裡，這種心理現象稱為「不管了效果」（what-the-hell effect），亦即因爲一件不如意的事而產生「隨它去吧！」的心理，將所有事情都放棄。舉個實例，有個人穿上新買的白色褲子外出，突然下起雨來，還好他帶著雨傘，但還是擔心雨水濺到褲子上，所以小心翼翼地走著，但一輛摩托車突然駛過旁邊，雨水濺到他的褲子上，這讓他氣急敗壞。從那時起，這個人原本小心翼翼的步伐突然變得粗暴，不僅如此，「哎呀，隨便啦！」的憤怒讓他也將雨水濺到走過身旁的人。

經歷喪失感之後，會產生絕望，也會埋怨搶走自己東西的人，繼而產生憤怒。這種憤怒會朝向特定的人發作，也會朝向不特定的世界發作，有時甚至會朝向自己。在這樣的過程中，喪失感會加倍，一種喪失感會召喚其他的喪失感。

失去精神健康的病患中，有些人會拋下家人離去，或遺忘在自己記憶中共享記憶的人，有些人甚至會失去自己存在的價值。在這個過程中，周遭的人、親近的人會一個接一個被傷害，最終自己受害，這就是喪失感擴大爲憤怒的結果。

究竟問題出在哪裡？從哪裡開始不對勁？從結論而言，因爲病患認爲自己是「受害者」。因爲這種想法，周遭的人都變成受害者，受害的思考正是悲劇的開端。這類事情究竟爲何發生？一言以蔽之，因爲病患喪失了「本心」。

穿白褲子的那人本心爲何？應該是珍惜新褲子的心情吧？可是在雨水濺溼褲子的那一瞬間，他突然失去了本心，再也不珍惜新褲子。他喪失的不只是本心，還影響到別的行人，於是自己的品格也爲之喪失。而因爲他無法控制自己的憤怒，連帶地失去對自己的信任，絕望和自責也隨之而來。讓他走到這一步的人究竟是誰？那個機車騎士？還是失去本心的自己？

人們常常認爲失去健康，即得病是一種「受害」或「懲罰」，所以「病患＝受害者」的等式於焉成立。相信自己受到傷害或懲罰的人很難維持內心的平和，更大的問題是內心動搖愈大，愈容易遺忘本心。那麼病患的本心爲何？很簡單，那就是找回健康、再次健健康康地活著。可是認爲疾病是傷害或懲罰的病患，因爲覺得自己是受害者，所以會遺忘或失去本心。

每個人都應該早日找回本心，不一定是病患，我們一般人也應該找回、持守本心，因爲本心無論何時何地都會告訴我們眞心期望的是什麼。從現在開始，我們應努力接近、跟隨本心而活，這是我們能做的最佳選擇。

我曾經是病患，現在則是醫師。可是在醫師以前，我是「人」，前面提到的女大學生也是人，人類原本就很脆弱，所以很容易得病。從生命開始的那一瞬間，人類無論何時都會得病，心病也是一樣，這是我們的現實，也是我們的限制。

人類還有其他的局限性，那就是死亡。從在母親的肚子裡開始，我們就一步步地走向死亡。嚴格來說，並不是我們走向死亡，而是死亡向我們靠近。時間加諸在我們身上的限制、絕對無法預測的終結，任何人都無法逃避這個終結——死亡，這就是我們的局限性。

在進行老人憂鬱症的演講時，即便是在八十多歲的老人面前，我也不忘對他們介紹自己是講論「死亡」的醫師，在可能是在下個月、隔年發生「終結」的老人面前，我總是這樣說：

「我不知道自己明天會死，還是後天會死。」

老人們都是一副丈二金剛摸不著頭緒的表情。我賣了個關子，告訴他們昨天在新聞裡看到的事件、事故。比如玩水的二十多歲青年溺水而死；旅行途中，四十多歲的父母和十多歲子女發生交通事故而死。然後我如此說道：

「我也可能如此！各位長輩，很高興見到你們！感謝你們都還活著！」

曾經有位數年間罹患憂鬱症的老人在聽完演講後，對我說這樣的話：「醫師，我這幾年每天都在苦悶今天自殺、還是明天自殺，活著根本沒有意思。可是聽完你的演講後，我在想，自己身為不知道今天會死、還是明天會死的人，我究竟為什麼要去苦惱什麼時候死亡？也許明天我的生命就會結束，連這個都不知道，卻想在今天自殺的人就是我這個傻瓜啊！我終於覺悟自己有多愚蠢。從今天開始，我要好好活下去！」

想努力克服我們的局限性固然重要，但在我們的局限性中，想盡最大努力的企圖更加重要。所以我今天也想活出「今天」，就像蜉蝣一樣，活在每一天裡。今天我是醫師，但明天也許會成為病患。我以前得過心病，再次成為病患的可能性極高。但是即便明天會再次復發，我想作為一個「人」活著，而不是病患。為此，我時常告訴自己：「我也是人，所以也會得病！」即便是過去不曾罹患心病的人，未來成為病患的機率極高。理由很簡單，因爲我們都是軟弱的人。

我今天雖然活著，但也許明天就會死亡。我應該記住，雖然我的年紀還不到平均壽命的一半，但我是否能夠豪言壯語地說我的時間還很充裕？平均壽命是如此，但不意味我能活到那個歲數。所以我今天還是告訴自己：「你也是人，有可能很快死去。」而且很明顯的是，因爲我現在還活著，所以可以這樣談論死亡。

我在前面有遺漏的部分。在得到憂鬱症的時候，我並不知道自己爲何患病？爲什麼一定要如此痛苦？因爲找不到理由，所以只覺得冤枉。可是度過這個難關之後，發現理由、意義都是存在的。爲了理解罹患心病的人有多痛苦，所以才讓我有這個體驗的機會。

我不知道那個二十多歲、罹患憂鬱症的女大學生後來過著怎樣的生活，但我希望她也能找到自己痛苦的原因和意義。如果她到現在還過著痛苦的生活，我也希望她是以「自己」，而不是以病患的身分生活，即便明天將要面對死亡。我也要向聽到我的故事的人說，即便我們不知道自己的終結是何時，但我希望你們記住「結束的時候並不是結束」的事實。還有，即使現在正承受巨大的苦痛，但絕對不要失去「本心」。

最後，我想轉達我尊敬的精神科醫師的話。

在我們因罹患絕症，即將面臨死亡時，我們可以放棄、要求關心，也可以大叫、陷入無力的情況；我們也可以被冤屈和憤怒捆綁，讓別人的生命也陷入悲慘的狀態；但我們更可以完成還沒做完的事，用我們堅強的抗病經驗感動其他人，這時，我們會感受到成就某些事情的快感。

節錄自伊莉莎白．庫伯勒．羅斯（Elisabeth Kübler-Ross）著《真正地活下去，直到我們說再見》中

我不再無謂等候

沒有人能很愉快地去醫院，而比起其他醫院，去精神病院是更讓人有負擔的事。還好比起以前，最近人們對於精神病院負面的認知已經獲得某種程度的改善，但還是十分不足。我在醫院見到的病患大部分都還是被家人硬拖來的，即便這是心病可以獲得治療的機會，或能夠再次健康生活的機會，但病患們並不作如此想。很可惜的是，他們的立場和我的立場差距實在太大。

「怎麼會把我帶來這個只有瘋子才會來的地方？你如果把我關在這裡就試看看！」這句話可能是最能代表他們立場的話語。事實上，把他們帶來這裡的家人立場也沒有太大不同。

「我也不知道爲什麼會帶他來這裡，如果住院的話，不會把他關起來毆打吧？」

雖然不是所有人都這樣，但還有很多人對精神病院持有偏見。根據我的經驗，希望來看診的病人雖然比以前增加，但願意住院治療的病患仍然很少。還有，願意接受諮商的患者雖然很多，但願意接受藥物治療的人很少。需要早期介入治療的人雖然很多，但幾乎沒有接受早期介入治療的人。換句話說，需要馬上接受治療的人也不會去精神病院。那麼這些人應該怎麼辦？急需幫助的人如果拒絕協助應該怎麼辦？

從某個角度來看，我是實現夢想的人，因爲我以前希望能成爲治療心理疾病的精神科醫師，而現在我正實際從事這個工作。可是了解實際情況的話，很多人還是排斥精神科治療和精神病院，所以不能說充分地照顧到每個需要治療的病患。經歷精神方面苦痛的人雖然也曾想過要接受精神科醫師的診療，但因爲對精神科的心理障礙還是很高，所以大部分選擇放棄接受幫助。我經常對這樣的現實感到惋惜，而這樣的惋惜日積月累地堆積在我心裡，於是我開始這樣告訴自己：

「我只是在無謂地等待那些不想來的人啊！可以這樣繼續等待下去嗎？」

我的內心深處一直反覆出現這樣的質問，有一天，我決定再也不能這樣等待下去了。

我決定要走入社會。

我決定要去實現全新的夢想。

無論是哪裡都可前往的諮商車

離開醫院之後，我糾結了一陣子，究竟應該怎樣幫助罹患心病的人？最重要的是，我必須有一個能代替醫院診療室的空間。因爲是精神科，只需要能放下兩把椅子的空間，所以我首先想到的地方是咖啡廳，可是再三考量，咖啡廳並不是獨立的空間，無法完全吐露自己的心聲，於是我把咖啡廳排除在外。

我接下來想到的地方是自習室。自習室是獨立、舒適的地方，看來很適合當作諮商空間，但自習室大部分都在市中心繁華的地方，那麼住在離市中心較遠的人們，亦即對老人或弱勢階層來說，比較難接近。事實上，這些人最迫切需要精神科醫師的諮商，雖然可惜，我還是不得不把自習室排除在外。

糾結愈來愈深，後來，我在路邊發現一輛餐車，我的腦袋突然靈光一閃，對了，車，無論哪裡，車都可以前往，而且是能敞開心扉、訴說心事的獨立空間。我在心裡鮮明地刻劃出與心痛的人在車裡諮商的情景。

我非常清楚地記得那天，二〇一六年二月五日，刺骨的零下氣溫，我帶著妻子和兩個兒子去了中古車賣場。在那裡，我確認了只在網上照片看到的車子實體。看到照片時，我立刻就被它吸引，實際看到之後，其他車都無法進入我的眼簾。我載著妻子和兩個兒子試乘，當下就想開車到任何地方進行諮商，無論哪裡，我都想立刻前往。

簽約金是我一個月薪水，簽約之後，還有後續要做的事。首先要幫諮商車取名，還需要改造車廂內部，好讓它適合進行諮商。我花了幾天思考後，把諮商車的名字定爲「去拜訪您的苦悶諮商所」，如果我使用「精神科」或「心理」這樣的詞彙，我想很多人會因爲相關的偏見，就算想接受輔導也會放棄，所以選擇「苦悶」這個單詞。

正因爲大家對精神科的心理負擔極高，我才選擇離開醫院，所以諮商車的名字我決定要降低所有人的心理負擔。

接下來輪到要裝飾中古車移動諮商所，無論外觀或內部，我都想直接設計。首先從外觀開始，除了「去拜訪您的苦悶諮商所」的名字之外，還應該加入哪些文句和形象呢？我和妻子費心討論之後，好不容易決定了三個文句。首先是「您的幸福讓我來培養！」，因爲我想讓那些踏上車的人感到幸福，所以選了這個句子；其次是「現在正運送幸福中！」，因爲車正是運送我們期待、等候的快遞品，所以如同運送快遞一般，我在配送幸福；最後的廣告是「精神科專科醫師現在正進行諮商中！」，因爲我希望表明是誰在培養、配送幸福。

還有什麼樣的形象或設計能吸引人們上車？費心思考之後，我選擇的形象就是我的證件照和名字。有些快遞公司的車輛都貼有司機的照片和名字，這代表會對自己的工作負責，我們也會信任這些人。此外，爲了降低對諮商的負擔，還必須要增加形象。這個部分也是在費心考量後，決定用我的全身照片，我的姿勢像是招攬客人的「歡迎光臨！」。我去照相館拍了要貼在諮商車外部的照片，看到我矮胖的身材、引人發笑姿勢的照片，令我有些難爲情，但沒關係，因爲這也是諮商車活動的廣告板，所以我想盡量設計得有趣些。

接下來就是設計車子內部的諮商空間，要怎麼設計才能讓心痛的人沒有負擔地吐露他們的苦悶？我在筆記本裡直接畫圖，還塗上顏色，這些事情都是我從來沒做過的，但卻非常愉快。因爲從未做過，所以儘管做得不夠完美，但因爲是我想做的，所以非常愉快。諮商空間的顏色是天藍色和淡綠色，爲了讓前來接受諮商的人感受這並不是封閉的空間，而是在自然的環境裡，所以將牆壁和天花板定爲天藍色，如此一來，自然得將地板鋪上人工草皮。如此決定後，必須購買的椅子和桌子立刻浮現腦海，爲了強調自然的概念，室外用椅子和桌子最合適。在都市建築的叢林裡，能夠短暫休息、充電的地方，這就是我希望的諮商所模樣。

我按照計畫開始親手裝飾諮商車的內部和外部。當時是二月中旬，天氣非常寒冷，但還是必須在我家附近的空地展開作業。因爲諮商車高度的問題，無法開進地下停車場。我呼呼呵氣，暖和凍僵的雙手，還得不時地擦鼻涕。我反覆剪貼從未摸過的壁紙，在我使勁向後仰，進行天花板的作業時，我眞的覺得腰快斷掉。因爲生疏，導致進度遲緩時，我甚至動起乾脆把所有作業都交給裝潢業者的念頭。每當這時，我總是安慰自己：這麼辛苦地完成後，一定會對諮商車更加珍惜。就這樣，我終於從頭到尾獨力完成。

累積了無數的眼淚、鼻涕、熱情和霸氣之後，我的作品於焉誕生。雖然有些粗糙、俗氣，但因爲是我投資了時間和能量的作品（?），眞的很有成就感。

爲了慶祝諮商車的誕生，我在SNS上傳了諮商車的照片和廣告文字。

「去拜訪您的苦悶諮商所」是

為了進行社會公益活動而準備的
移動式免費諮商空間

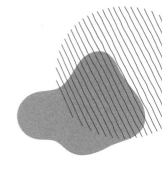

我是想變成這樣，才從醫院辭職的嗎？

我開諮商車外出的第一天，把車停在我家附近的公園。我敞開諮商室的門，把桌、椅擦拭乾淨。我在每天諮商前一定會做這個動作，這個習慣一直維持到現在，也許是意味著在諮商前先把自己的心門打開，也將心裡面的塵垢擦拭乾淨。當然，這個意義只有我自己知道。我那天用這種虔誠的心情等候第一個客人（？）。必須告白的是，我眞的很緊張，因爲這是全新的嘗試，總之，我懇切期望能最大限度地發揮自己的作用。

公園裡的人不少，對於這輛他們從未見過的車，有人感嘆說：「哇！還有這樣的車吶！」還有人開玩笑對朋友說：「你進去看看吧！你不是傻瓜嗎？」有人只是在諮商車前拍照後就離開，有人只是和我目光相對後就跑掉了。隨著時間經過，我因爲緊張而僵硬的身體突然開始緩緩地放鬆，緊接著，心裡升起一股莫名的勇氣。

「第一天有這種反應已經很不錯了！大概諮商車眞的很新奇吧。」

可是沒過多久，發生了令人意想不到的事。一個中年男子突然將頭伸進諮商室裡，沒頭沒腦地說道：

「你在這裡做什麼？你眞的是精神科醫師嗎？」

那一瞬間，我感到有些不知所措，我的樣子不像是精神科醫師嗎？諮商車外面明明寫著「精神科專科醫師」……，我辯駁似地大聲回答：

「是的！我是精神科醫師！」

「精神科醫師爲什麼這麼年輕？」

他似乎自言自語地丟下這句話之後就走掉了。

你是精神科醫師嗎？這句話在我耳邊迴繞好一陣子。為了重新整理動搖的心志，我從諮商車上走下來。

「穿著白袍在醫院的時候，所有人都認為我是醫師，離開醫院以後，竟然不相信我是醫師了……」

我失魂落魄地站了一會，然後才回過神來。未來還不知道會遇到怎樣的事情，怎麼能為了這點小事就失意呢？我如此責備自己，然後又再次踏上諮商車，繼續等候第一個客人。有幾個經過的路人看到諮商車後，雖然發出感嘆，但並沒有任何人接受諮商。

「會不會連一個人都不來啊？」

心裡正焦慮不已時，不知從哪裡傳來「醫生～」的聲音，是非常優雅的女性聲音，我迅即轉過身去。

「啊？」

「您在這裡諮商嗎？」

「是的！這是諮商車，由我爲您服務。」

「我還以爲您在算塔羅牌呢！哈哈哈！」

我又被耍了，不過，我還是最大限度地發揮應變能力，笑著說：

「哈！哈！哈！我看起來大概像是算命仙吧？」

「諮商費用是多少錢呢？大概一小時的話。」

我心想就是現在了，於是大聲回答：

「免費！我不收任何諮商費用！」

我心想終於可以開始進行第一個諮商了！但是她又問我：

「免費？爲什麼免費諮商？」

我頓時語塞，免費還需要理由嗎？可是我想這個問題還是需要回答，所以跟她說：

「是義工啦，算是才能捐獻吧！」

她好像那時才有所了解，頻頻點頭。

「上車吧！我來解決妳的苦悶！」我心裡這麼喊著，急切地望著她。

「哇！你做的事情好有意義啊！那你繼續忙你的吧！」

她丟下這句既不是鼓勵、也不是安慰的話語，逕自離開。

這眞是讓我意想不到，我眼前一片黑暗，胸口發悶，此時的我，根本不是能對某人進行諮商的精神科醫師，而是到了我自己必須接受諮商的程度。

我是想變成這樣，才從醫院辭職的嗎？瞬間，我感到無比的自責。

坦白說，我以爲會有很多人歡迎我，會有很多人沒有負擔地上來諮商車，但期望愈大，失望也就愈大。我低垂著頭，坐在我裝潢的移動諮商所裡，雖然沒掉眼淚，但我眞的很想痛哭一場。突然之間，我想起了名片，那是從醫院辭職前，我自己設計的。我不能就這樣待著，必須做點什麼。

我踢開椅子，來到街上，像分派傳單的人一樣，開始發起名片。「請來接受諮商，是免費的！」因爲從來沒做過類似的事，聲音很小，但無論什麼事，一定會愈做愈好，我的聲音愈來愈大。一看大家對免費諮商不感興趣，我非常即興地改變了廣告詞。

「如果需要幫助請告訴我！」

話一說出口，我自己都嚇了一跳。事實上，當時需要幫助的人正是我，而且非常迫切！其實我眞正想說的話是：

「請幫助我，讓我能幫助你們！」

可是人們都不想接過我的名片，都不接受我的眞心。在我想遞出名片而靠近他們時，有些人退後好幾步；有人根本不停下來，繼續往前走；還有人不好拒絕，接下名片，可是又偷偷地扔掉；有人嚇了一大跳，面露不快地說：「幹嘛嚇人啊？」我突然能理解在市中心繁華街道上發傳單的人的心情，也許我的內心比他們更悽慘也未可知，因爲再怎麼說，他們也是拿工錢發傳單，而我卻是想免費爲他人進行諮商。

我的出發點雖好，但並不被他人接受，對於這樣的冷酷現實，我覺得備受傷害。但我並不屈服，繼續傳達我的心意。正因爲有極少數人願意接下我的名片，我才能夠繼續分發。廣告雖然好像做得不錯，但並沒有人願意接受諮商。

諮商車停駐的公園裡，除了我以外，還有很多人，但我並不屬於他們，我獨自一人在諮商車裡等候。我獨自一人分發名片，期待有人能認眞地看一眼。我想給予他人幫助，所以在內心裡大喊「如果需要幫助請告訴我！」，但沒有人需要我的幫助。我雖懇切地期望自己能被使用，但沒有人願意使用我。

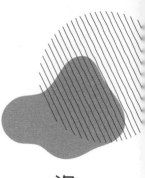

沒有地方可去、也沒有地方可停放的累贅

不只沒有希望接受諮商的人，連諮商車可以停放的地方都沒有。停車問題從我在中古車賣場購買這輛車後，一直如影隨形地跟著我。我住的公寓只有地下停車場，因爲有高度限制，根本無法開進地下，所以每天晚上我都必須非法停車，也就是必須承受被開違規停車罰單的風險。如果早晨我太晚把車開走，或因爲是星期六，心想應該沒關係，毫無例外地，那天一定會被開罰單。我還有因爲把車子停好、等待諮商客人（？）而被取締相機照了好幾次的經驗。這事雖是想免費服務而開始的，但別說服務了，只是一直繳罰款。雖說違反規定是我的錯，但實在不能不覺得冤枉。於是不知從何時開始，我把諮商車稱爲「累贅」。

這個累贅不但無法發揮功用，既沒有人關心，也沒有地方可停靠，簡直是淪落到悲慘的處境。我這個主人也跟著變得十分悲慘，身為「去拜訪您的苦悶諮商所」所長的我，每天因為諮商車而煩惱不已。就這樣過了一個月、兩個月，在第三個月的某一天，我等了超過三小時還沒有人來進行諮商，我坐上駕駛座，眼淚一直在眼眶裡打轉。

「我是因為想過這種生活才從醫院辭職的嗎？這根本不是我期待的啊……」

忍耐已久的絕望靜靜地爆發，這段期間投入的金錢、時間、失去或放棄的東西都太過可惜。我現在到底在做什麼？我是不是瘋了、缺乏現實感？我會不會是唐吉訶德（妄想症病患）？接連而來的疑問讓我的精神陷入昏迷，我連車子都沒有發動，只是像失魂落魄的人一樣呆坐著，比起任何人，其實我更需要接受諮商。

好不容易才回過神來，我開始苦惱應該去哪裡。回家？還是去精神健康福祉中心？我最終選擇了比家更近的福祉中心。

累贅，再次誕生

如果有人總是一副悶悶不樂的表情，走路時拖著沉重的步伐，任誰看來都會覺得可憐。所以我勉強裝得很快樂，好像沒事一樣地走進精神健康福祉中心的辦公室，可是我鬱悶的心情不可能不被看穿。

「今天也沒能諮商吧？」

同事用擔憂的眼神問我，我差點嚎啕大哭。我趕忙將視線轉向別的地方，想收拾情緒是需要一些時間的。我用最快的速度平復自己的心情，揚起原本下垂的嘴角，努力笑著回答：

「今天也白忙一場了！」

在說出這句話之前，我雖勉強露出笑容，但在說完後，這一丁點勉強露出的笑容也消失不見。不知道是不是覺得我的樣子過於可憐，那位職員向我說道：

「您不要一個人出去轉了，我們也跟您一起出去吧！」

我因爲狀態不好，懷疑自己的耳朵是不是聽錯了。

她又再次說道：

「要不要試試把這個項目申請爲我們中心的計畫？」

我確定我沒聽錯，這句話是我從很久以前就非常期待能聽到的話。

心臟狂跳。我沒有照鏡子，雖無法確定，但臉上一定又恢復泛紅的氣色。我感到面部的肌肉自然地伸展開來。

「眞的嗎？比起我一個人做，如果大家能一起加入，那就再好不過了！眞的太感謝了！」

那時我已寂寞地孤軍奮鬥兩個半月，就像在逐漸陷入沼澤之中，已經淹沒到肩膀的時候，突然有人把救生圈丟到我面前一樣。其實我內心非常盼望有人能來幫我，但還是忍住，不露痕跡。但聽到她的話之後，我的心就好像剛購買諮商車時一樣，狂跳不已。

從那天起，我好像獲得千軍萬馬一樣，原本掉到地上的自信又開始恢復。我向衛生所長提出業務計畫，最終獲得市長的核准。「去拜訪您的諮商車」計畫就此一氣呵成，快速進行。拜這些主動幫助我的人之賜，車子在購買三個月之後，眞正成爲了諮商車。

我們市裡將這個計畫選爲示範業務，廣告就不用說了，還發公文到所有村里辦公室，甚至還得到補助。我實在無法想像事情會如此快速進行，讓我心煩至極的停車問題也獲得解決，因爲衛生所停車場也劃定了諮商車停車空間。

不久之後，tvN《Little Big Hero》製作小組主動跟我聯絡。老實說，我曾幻想SBS《世界有奇事》會聯絡我，可是眞的接到電視演出的提議時，實在讓我一時回不過神，無法置信。這進度會不會太快了？剛接到電話時，我因爲莫名的不安和恐懼，因此拒絕。我心想等以後諮商車眞正發揮作用後再參加演出，現在業務才剛開始，讓大家知道可能不太好，可是拒絕之後，還是覺得有些可惜。我安慰自己，以後還有機會，於是愉快地埋首於「去拜訪您的諮商車」工作。過了兩個月，我又再次接獲演出提議，雖然還是覺得太快，但我實在不喜歡拒絕別人第二次，而且也想讓更多人知道諮商車，於是爽快地答應參加拍攝。

拜《Little Big Hero》導演、編劇以及組員們的幫助之賜，「去拜訪您的諮商車」在誕生七個半月後，讓全韓國都知道這輛車的存在，而且我也在出生三十八年後，成爲家喻戶曉的人物。從節目播出後的隔天早上開始，打到中心的電話紛至沓來，七位同事爲了接這些電話，導致業務癱瘓。打電話來的人不僅有分布在全國各地希望接受諮商的人，還有希望一起加入諮商服務的人，甚至有希望能幫忙洗車、開車的人，另外也有希望能捐錢的人，一時之間，眞是獲得猶如千軍萬馬的支援。

而且從節目播出隔天起，無論去到哪裡，都有人認出諮商車，都有人即興地接受諮商，最終不得不實施一星期前還無法想像到的諮商預約制，預約申請不到幾分鐘就宣告額滿，反應十分熱烈。

曾經被認爲是累贅的車子，就這樣成爲眞正的諮商車。

第二章

無法向任何人傾訴的話

宅急便貨車是
每個人都等待
每個人都歡迎的存在

但諮商車卻曾經是
大家都不理不睬
大家都不喜歡的存在

宅急便貨車今天也是
載著貨物奔跑
向著心靈空虛的人

而諮商車今天也是
載著同感奔跑
向著心痛的人

歸途的宅急便貨車
車廂裡雖空空如也

但歸途的諮商車
車廂裡卻裝滿感動

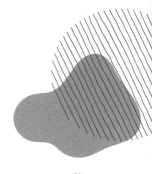

我的夢想是 hanky

「hanky」是我準備離開醫院、走上街頭的時候，我自己取的外號，就像偶像團體都會取藝名一樣，我也希望能取一個外號。別人都說有聽過 Minky、Tonki、Yankee，但沒聽過 hanky；有人說聽起來好像是小狗的名字。其實 hanky 是培養幸福的人之縮略語，不知道是不是只有我有這種感覺，我覺得 hanky 聽起來比「林宰暎醫師」更親切。

我抱著試試看的心態，在網路搜尋引擎打下「hanky」，這是怎麼回事？命運好像在跟我開玩笑，這個單字也是手帕（handkerchief）的縮略語。也就是說，hanky 既是培養幸福的人，同時也是擦拭心痛之人眼淚、如同手帕一般的存在。

我之所以想成爲培養幸福的人，即「hanky」，是有理由的。每年都會發表世界各國的幸福指數，韓國國民的幸福指數已經有好多年都沒有上升的跡象，可說韓國整體像是集體罹患憂鬱症的病患也不爲過。作爲精神科醫師，我常爲這樣的現實感到惋惜，也覺得無法再袖手旁觀。

爲了增進韓國國民的幸福，任何我能做的，我都想去做，這包括傾聽（諮商）、說話（演講）、寫作（執筆）等。換句話說，我想傾聽心痛之人的話語、傳達鼓勵心痛之人的話語、寫出以心痛之人爲對象的希望文字。

事實上，培養幸福這件事和不知道山頂在何處、沒有終點的登山類似，但反而有優點，因爲這是直到生命終結的那一天爲止都可以持續的夢想。我的夢想就是「hanky」。

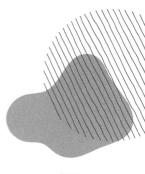

好像不同、又沒有不同的諮商

許多人對我如何進行諮商感到好奇。從醫院辭職，開車進行「訪問」諮商，很多人對這樣的我是否具有與別人不同的諮商方式，或隱而不宣的技巧有期待。也許大家會失望，但完全沒有。如果有什麼不同，那可能就是如同大家都知道的，諮商是在車裡進行、免費、而且是一次性的。當然，正如每個人的個性不同，每個精神科醫師對前來諮商的人呈現的形象或給予的影響都各不相同。

開始免費諮商的理由是我希望能當義工或才能捐贈。說到義工，聽起來似乎煞有介事，但其實只是傾聽寂寞、前途渺茫的人的苦悶罷了；而才能捐贈也沒有什麼大不了，只是使用我善於傾聽的能力而已。有人對於我的行動常常加上「noblesse oblige」❶的話語，其實並非如此，因爲我既不是身分崇高之人，也不是富有之人。我只是一介醫師，相對而言，心痛的程度不那麼嚴重，做的事情只是傾聽心痛之人的話語，同理他們的內心，共同承受獨自忍耐、隱藏的內心苦痛而已。有時在這樣的過程中，反而是我得到安慰，因此說是兩人見面、互相幫助還比較正確。

來接受諮商的人手上都會拿著東西上來，大部分是咖啡或茶，進行諮商的時候，經常會口渴、內心焦慮，所以收到這些禮物，我覺得非常感謝。有時是零食，偶爾還有人打包飯菜來給我，我也曾收到精心製作的禮物或卡片。收到這些令人感到意外的禮物時，我有時會覺得混淆，究竟是我給予他人幫助，還是接受他人幫助？能說明這一切的單字正是「分享」。

事實上，「見面」本身已經是一種分享。在同一時間、空間裡，兩人見面其實就是分享彼此的時間和空間。我投注我的時間和精力，他（她）投入他（她）的時間和精力，我們彼此共有、共存。再加上我們見面分享「苦悶」，分享苦悶即是分享內心，更何況那是不能或從未向任何人吐露的心聲。我所追求的諮商正是兩個人見面，分享眞心，分享在這樣的過程中感覺到的愛心。

很多人好奇爲何是一次性的？如果定期且持續，那就是「治療性」的諮商，治療性諮商已經在醫院等醫療機構或心理諮商中心實施，想要接受治療的話，就應該在那些安全、安定的場所進行。相反地，我所做的諮商並非以治療爲目的，而是從事預防精神疾病、早期發現、早期介入的行爲。我認爲我想做的這件事在醫院外部、在街頭實施會比在醫院裡進行要更好。

編註：

❶貴族義務，是起源自歐洲中世紀封建制度的傳統社會觀念，認為貴族階層有義務為社會承擔責任，即「地位愈高，責任愈大」的意思。

我把自己的任務定位爲「踏板」或「紐帶」的角色。首先提供那些心痛之人更方便、更容易見到專家的機會。我現在做的事情是經由負擔較少的見面評鑑心理狀態，若有必要，可聯繫相關專家進行治療。在此過程中，提供精神疾患或精神科治療的正確資訊，這些誤會要解開才能產生治療動機，這些就是我的諮商車提供的全部內容。

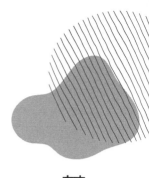

某個憂鬱症病患的日記

我從睡夢中醒來，不要說起身了，連睜開眼皮都很吃力。因爲睜開眼睛太費勁，我乾脆就閉著。一片黑暗，好像還是夜裡。如果仍是夜裡就太好了，我討厭早晨，因爲睜開眼睛會覺得刺眼，不知道是不是因爲如此，我只要一睜開眼睛就會流淚。

如果早晨永遠不會來臨就好了，早晨來臨就意味著一天又要開始，我不希望再開始新的一天，因爲開始的那一瞬間，我就會感到痛苦，而因爲即便是痛苦，我還是必須忍住眼淚。像現在一樣，閉上眼睛躺著最舒服，睡著的時候更舒服。一天當中最幸福的時刻就是睡著之前，在某一瞬間感受到幸福的最高點後，我就會睡著。

有些日子太快睡著，那時我總會感到可惜、虛脫，有時還會生氣。因爲和清醒時感受到的痛苦時間相比，感到幸福，亦即從躺著到睡著的時間實在是短得太離譜了。這也根本不能算是我熬過一天又一天的補償。所以只要是太快睡著，隔天醒來的時候，我都會十分憂鬱。那樣的日子，我會更討厭睜開眼睛，因爲眼睛睜開也不會有好事發生。

從睡醒的那一瞬間開始，痛苦也隨之啓程，因爲必須睜開眼睛的現實和想繼續閉著眼睛的願望彼此較量。但是只把眼睛閉上，並不代表內心就會舒坦。啊！眞該死，睜開眼睛是問題，把眼睛閉起來也是問題。是啊！這就是因爲從睡夢中醒來才會這樣，至少在睡著的時候不會有這些苦悶。

究竟是誰把我叫醒的？我好不容易才睡著、好不容易才忘記痛苦，到底是誰讓我再次陷入痛苦？我因爲不想起來，所以連鬧鐘都沒有設定，遮光窗簾也緊緊地拉好，我爲什麼會醒來？我不想從睡夢中醒來，我想繼續翱翔在唯一沒有痛苦的時間裡。醒著的時候我連呼吸都好吃力，睡著的時候我不知道自己有沒有呼吸，所以很舒服。

不管是誰、不管是什麼，絕對不要叫醒我。要不要睜開眼睛這件事都會讓我覺得痛苦，我根本沒辦法睜開或閉上眼睛。我爲什麼發牢騷？他媽的！因爲我醒了。我的頭好痛，胸口好悶，我沒辦法呼吸，我想再睡著。對我來說，這才是再次開始。耀眼的太陽去照耀那些沉迷於金錢和權勢的人，像我這種傢伙連眼睛都不敢睜開。耀眼的世界就呈現給那些耀眼的人看就好，像我這種傢伙永遠不會睜開眼睛，因爲我的眼睛刺痛、因爲我只要一睜開眼睛就會流淚。

這是從和我諮商的憂鬱症病患日記中節錄出來的內容。身爲精神科醫師，我應該用怎樣的話語告訴他？去散步？去曬太陽？正面思考？如果都不是的話，那就下定決心？用精神力克服？如果這麼說的話，他不但會討厭睜開雙眼，連兩隻耳朵都會想要堵起來。

我在傾聽前來諮商的人說話時，經常會閉上眼睛，是爲了想像。我想成爲他那個人，我想感受他的內心，所以閉上眼睛。即便是短暫的時間，我也想成爲他那個人，而不再是我。感覺閉上眼睛也會刺眼、閉上眼睛也會覺得眼皮沉重。現在是早晨，這裡是他的房間，蓋上棉被躺著，連動都不想動。身體和內心好像都陷入地下，對我而言，這種感覺並不陌生。

爲了再次變回我，我睜開眼睛，然後再次凝視他，他也凝視我的臉孔。如果他能從我的臉上看到自身的痛苦，我們的共感就獲得成功，因爲我的內心已經和他的內心相通。

正如很難和談不來的人交流想法一般，想和心靈不契合的人交流感覺也很困難。因此我在諮商的時候，因爲想努力交流感覺，所以會隨時閉上眼睛。但偶爾也引起誤解，「是不是我的故事太枯燥了？」這個時候，我都會如此說明：

「我閉上眼睛是爲了能更好地進行共感。」

表情會代言情感，但是不說一句話，僅憑表情很難傳達內心的感受。而錯誤解讀表情也會引起誤會，因此我偶爾會用話語詢問對方的心情，因爲有必要確認我所感受到的和他的感受是否相符。我現在正傾聽對方的話語，感受他的憂鬱，如果對方默默不語，我會毫不猶豫地如此詢問：

「現在心情如何？您的感受是什麼？」

如果他回答「很憂鬱」，那很幸運（？）地可以稍稍安心，因爲我確認了共感正確形成。但如果他回答「不好不壞」，那這個時候就是我自己感到憂鬱而已。因爲那不是跟隨對方的感覺，只是存在於我自己的想像裡，所以必須按下重新開始的按鍵。雖然爲數不多，但我偶爾也會不自覺地製造出感覺。

心意相通，話語才會相通，所以開始時，我會最大程度地努力不表示意見，話語絕不能超越內心。輕率的一句話會讓對方的心門關上，甚至還有更嚴重的情況，一句話就能讓對方的內心受傷。

向憂鬱症病患說「讓身體多活動吧！多努力吧！」這類話，無異是在疼痛的傷口撒鹽。最終，他的內心將會成爲沒有任何人能進去、拒絕接受任何人的監獄。他害怕有人會再次掀開他的傷口，在保護自己的本能下，最終會把自己囚禁起來。

前面提到的「身爲精神科醫師，我應該如何跟他說怎樣的話？」這個問題有必要修改。其實不見得非得跟他說什麼，與其說機械性、沒有靈魂的話語，還不如不要說比較好，代之以打開耳朵傾聽，最好的就是敞開心懷。

差點變成大型蒸籠的諮商車

今天發布了高溫警報。因爲是從下午一點開始諮商，我在十二點就到達目的地，尋找停車的地方。我決定還是停在路邊公營停車場，但爲了尋找比較好的位置，在路上轉了好久。我發現了一個樹蔭茂密的空間，於是眼明手快地停好車。停車管理員走過來問我要停多久，我跟他說可能要超過晚上七點才會離開，他說得預先繳交一整天的停車費。交了停車費之後，心想應該不會再被趕走了，心情爲之輕鬆不少。

接下來的問題就是借用電源。首先去最近的路邊商店，我最大限度恭敬地向老闆娘自我介紹，然後小心翼翼地拜託她：

「您看到那邊那輛車了吧？我是精神科醫師，是來做諮商義工的，那輛車是我的諮商車。今天天氣太熱，我想要開冷氣，能不能跟您借用電源？」

老闆娘面露無奈地說道：

「對不起，我們也是因爲電力不夠，連冷氣都沒得開呢！」

我也覺得十分抱歉，很有禮貌地向她致謝後離開，然後又走進附近的化妝品商店。這次也是非常有禮貌地拜託她們，可是店員回答我：

「我們以前也曾經出借過電源，可是多交了好多電費，從那以後，老闆就不再出借電源。我只是店員，沒有老闆的同意是沒有辦法幫您的。」

她的臉上也是一副無奈的表情，頻頻向我道歉。我雖覺得可惜，但還是向她表示感謝。接下來我又走進販賣運動鞋的商店，看起來像是兼職生的三名青年用略帶警戒、略顯不耐煩的表情望著我，他們似乎已經猜出我走進商店的用意是要拜託他們。「你們好，我是開著諮商車做義工的精神科醫師……」我還沒講完，他們三人就將視線轉向別的地方。即便如此，我還是鄭重地拜託他們，可是我得到的只是「不行！」

這個十分簡短而冰冷的回答。

不知是不是因爲燠熱的夏天空氣，我覺得喘不過氣來。現在街道上能出借電源的地方只剩下一處，那就是停車收費亭，但是我想起以前曾經被趕出停車場，沒法直接走向停車管理員。看到猶猶豫豫的自己，雖然覺得可憐，但也覺得自己沒出息。

「勇敢面對吧！以前那個管理員和眼前這個又不一樣。」

我鼓起勇氣，悲壯地走向收費亭。我向什麼都不知道的停車管理員自我介紹，然後誠摯地拜託他。

「諮商馬上就要開始，我沒有辦法去尋找別的地方，請您讓我接上電源吧！」

那個看起來很親切的收費員說：

「只能使用到七點，可以嗎？你有捲線盤嗎？」

我好像把身體泡進冷泉一般，心情格外舒暢，簡直讓我起雞皮疙瘩。我趕緊跑回諮商車，把捲線盤拿出來，把電線解開後走向收費亭。可是意想不到的事情發生了，三十公尺長的捲線盤在離收費亭兩公尺的地方停住。那一瞬間，我想起房間的延長線，眞是應該帶出來的。要不要去買另一條延長線呢？但是離諮商開始的時間只剩下幾分鐘，「今天這個大熱天，是不是只能不開冷氣進行諮商啊？車子裡面要變成大型蒸籠了。」

就在那時，有人喊著「先生！」原來是停車管理員。他比著什麼手勢，好像是要我把諮商車移到收費亭旁邊。我把諮商車開到收費亭旁邊，只看到穿西裝的年輕男子打開停在收費亭旁邊的車門。原來是管理員特別打電話給車主，拜託他把車子移到別的位子。於是我才能把卡車停到收費亭旁邊，連接了捲線盤。

那天來諮商車諮商的人也終於可以在涼爽的環境裡接受諮商。

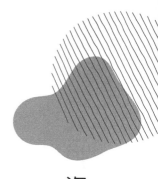

沒有辦法擦乾眼淚的日子

我把諮商車停好，因為塞車，距離諮商開始的時間只剩二十分鐘。那天沒吃早飯，飢餓感開始湧現。因為必須不間斷地進行幾個小時的諮商，一定得趕快吃點東西。我打開地圖APP，輸入便利商店，還好附近就有。我急忙跑去買了一條壽司和飲料，在走回諮商車的路上，我狼吞虎嚥地吃掉壽司，而因為口乾舌燥，仰頭一口喝完了飲料。

我開始急急忙忙地進行諮商準備。整理好沙發、桌子，再把抽取式面紙放定位。可是糟糕，抽取式面紙盒裡是空的。上一次諮商完之後，心想要買新的，可是卻忘得一乾二淨。當時也來不及再回到便利商店購買，我自己無法接受預約時間延遲，可是沒有面紙的諮商正如沒有啤酒的炸雞一樣。我去也不是，不去也不是，實在是陷入兩難的局面。這對於要擦乾心痛之人眼淚的「hanky」來說，實在是一場災殃。

可是我又能怎麼辦呢？沒有辦法解決的事只好順勢接受，但我下定決心一定要挽回失誤，要比平常更加盡心盡力地進行諮商。第一位預約者比預定時間早到三分鐘，我也不自覺地留意觀察他的臉色，因爲我得斟酌看看他會不會在接受諮商時哭出來。我對自己怎麼會做出這種毫無意義的舉動感到寒心。根據過去的經驗，人們在接受諮商時，十有八九都會流眼淚，甚至還有很多人在進來諮商車時，就已經是淚眼汪汪。對於這個事實，比任何人都了解的 hanky 竟然在擔心來訪者會不會流眼淚……。

收拾好心緒，開始進行諮商。那天特別在意來訪者的眼眶，眼淚打轉的時候，我的心頭都不由一陣緊縮，眞沒想到會遭到這種酷刑。平時我會爲了來訪者在該流淚的時間不流眼淚感到不安，但那天正好相反。我希望他們不要流眼淚，甚至希望能把他們的淚腺堵住。來訪者終於流下一滴眼淚，然後又一滴。但不要說手帕了，我連一張面紙都無法遞給他們，任由他們用手擦拭眼淚，看到這個場面，我實在是太愧疚了，只能好不容易地對他們說抱歉。他們的眼淚在流到某種程度，看來似乎已經呈現穩定狀態，但隨之又立刻流下眼淚。眞是快瘋了，我再也無法注視他們淚流滿面的臉孔，只能低頭無語。

而不只是第一個諮商者，下一個、再下一個，甚至最後一個接受諮商的人也哭了。我只覺得似乎應該跪下來，用雙手承接他們的眼淚。在我暈頭轉向地結束諮商後，一看手錶，已經過了七個半小時，我根本沒想到時間會過得這麼快，直到那時，緊張感才略微消除，我不自覺地嘆了長長一口氣。那天我只覺得回家的路特別遙遠，我無法解釋的感受湧上心頭，只覺得眼淚似乎馬上就要奪眶而出。

可是，我沒有面紙，唉，又是那該死的面紙……

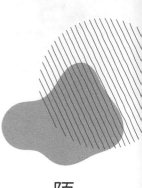

陌生的地方、難忘的夜晚、被眼淚浸濕的麵包

現在是凌晨四點，這裡是全羅道光州。昨天晚上我在光州進行煩惱諮商，我有時並非以諮商車進行諮商，而是偶爾像昨天這樣，到地方城市租借場地後，聆聽當地居民的煩惱。繼大邱、釜山後，這是第三次赴地方城市出差。我雖然希望能好好睡上一覺，但也許是換了地方，在這樣的凌晨時分就醒了過來。還有另一個原因，昨晚入睡之前，我的內心處於稍微興奮的狀態。不，應該說是非常興奮，簡直到了激動不已的程度。因爲我經歷了完全意想不到的事情。

昨晚結束最後一位諮商時，已經將近晚上十點。結束時，那位四十出頭的男性個案非常擔心地問我：

「您今晚在哪裡睡覺呢？」

「我打算在附近類似汗蒸幕的地方睡一晚。」

他接著說：

「我對這個地方比較熟悉，這附近沒有汗蒸幕。離這裡不遠的地方有個還可以的住處，我送您過去吧！」

我沒想到他會提出這個建議，覺得有些意外，也覺得心裡有負擔，於是趕快說道：

「沒關係，您只要告訴我位置，我用手機搜尋一下，坐公車過去就可以了。」

可是他說沒關係，而且也是回家的方向，要我坐他的車過去。

我雖然不願意麻煩他，想獨自一人前往，但心想如果再次拒絕，感覺上就好像無視他的好意，只好心存感謝地隨他前往。坐上他的車，感覺今天的工作要結束了，終於可以鬆一口氣。他也說住處不遠，我心想馬上就可以好好休息，心裡的緊張感也爲之鬆弛下來。

可是這究竟是怎麼回事？心想快到了吧、馬上就要到了吧，拿起、又放下我的行囊，就這樣反覆好幾次，可是車子還是不像要停下來的樣子，我只好朝著不知目的地在何處的方向繼續前進。

「會不會是要把我載去哪裡賣掉啊？」

想到這裡，我突然精神爲之一振，不覺間嚥了嚥口水。又不是什麼值得害怕的事，我卻擔心對方看出我在害怕，於是乾咳了幾聲，故作泰然地問道：

「我們現在是要往哪個方向過去？」

「我們要去○○地區，今晚住在那裡的話，明天回首爾就方便了。」

由於是生疏的地名，我根本沒聽明白。我心想要不要再問一次，但反正我也不知道是什麼地方，聽清楚後再搜尋的話未免好笑。

「啊，原來如此，謝謝您！」

我雖力求鎮定，但終究還是無法隨心所欲，不由想起妻子和孩子們的臉孔。行駛了好一陣子，終於出現一個指示牌「金大中會議中心」，看到我知曉的名字，就別提有多興奮了，差點大聲叫了出來。不知爲何，我甚至覺得以前曾經來過這裡。之後又行駛好一陣子，車子才停了下來。

到達的地方是繁華街道，看到輝煌燦爛的霓虹燈，我竟感覺到不知名的喜悅和興奮。我正失魂地睜大眼睛，看著車窗外的風景時，他以無比親切的聲音說：

「今晚在這附近找個住處，明天在那裡搭乘巴士就可以了。」

可是令人無法意料的事情又再次發生。停下來的車子，不，我以爲要就此停下來的車子又開始移動，駛進了一間飯店的停車場。這還沒有結束，他說要幫我開個房間，這就是他要支付房間費用的意思。無論我如何拒絕，他依然堅持要支付費用，甚至是用拜託我的語氣。

在不知所措的情況下，我決定接受他的好意。不知不覺間，房間鑰匙已經塞到我的右手掌心裡，我的左手則是拿了一袋光州最有名的麵包店的袋子，這一切都是在瞬間發生，就好像他在變魔術似的。

在不知如何是好的情況下，我急忙向他道別，然後快步走向飯店的入口，看起來也許像是逃進飯店也未可知。如果不這樣，我總覺得他又會做出令我措手不及的舉動。直到我走進飯店內部，才停下來轉身望著他。他仍然站在原地，比著要我趕緊進去的手勢。直到那時，我才覺得應該鄭重地跟他道別，於是再次走出飯店，向他說道：

「今天眞是太感激你了，以後我會繼續幫助那些心靈傷痕累累的人。」

前一句雖然是感謝的話語，但後一句卻是承諾，我不自覺地脫口而出承諾的話語。

「謝謝您，請您繼續幫助那些身處困難的人。」

我打開房門，走進房間，然後把他給我的麵包塞進嘴裡，再次重覆那句承諾。淚水沿著我的臉頰流進嘴裡，麵包香甜的味道加進了淚水的鹹味。我不自覺地進入了夢鄉，在興奮消退之前，在這個陌生的地方，難忘的夜晚。

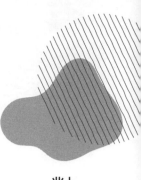

對不起，我沒能幫助您

不知從何時起，我幾乎每天都會收到主旨中有「一定要」這個單詞的電子郵件。類似「請您一定要治療我的丈夫」、「請您一定要救救我女兒的命」……等。我還在醫院的時候，病患的家屬也經常以懇切的聲音說「醫師，請您一定要……」。可是我無論聽了多少次「一定要」這個單詞，仍然覺得不習慣。

所以我經常對確認電子郵件這件事感到壓力很大，從登入那一瞬間開始，我的心情就開始覺得沉重，又有多少人心急如焚地期待我的幫助？這個情況是從電視節目播出之後開始的，雖然已過了一年多，但電子郵件每天還是蜂擁而至，而我的恐懼也與日俱增。

因爲收到朋友的訊息，要我確認電子郵件，所以不得已打開信箱。就算我再如何畏懼也不得不確認郵件。在二十多封郵件的主旨中，有一個格外顯眼，「林宰暎醫師，請您一定要救救我們家庭。」我勉強移開被吸引住的視線，確認了朋友的郵件，並回了信。我必須做的事情就到這裡爲止，可是我的心情相當沉重，好像我應該做的事情還沒有做完，總覺得心裡怪怪的。我因爲畏懼，選擇逃避，但逃避這件事卻折磨著我，讓我覺得我對於某些人的苦痛置之不理。

這不是第一次發生，這種將應該做的事向後推延的愧疚心情、將應該緊急處理的事情置之不理，反而去處理那些不太急的事情時的不舒服心情。明明已經看到，卻裝作沒看到；明明知道，卻裝作不知道的逃避現實折磨著我，因爲這是一件欺瞞自己的事情。沒有確認的郵件愈堆積，我內心的負擔也愈發沉重，就好像推遲再推遲之後，已經到了無從著手的寒、暑假作業一般。所以我乾脆閉上眼睛，想偷偷地略過不管，可愈是這樣，我愈對自己產生不滿。

剛開始的時候並非如此，我不會閉上眼睛，也不會轉過身去。相反地，我會睜大眼睛，仔細地閱讀痛苦之人的故事。他們的心情會完全傳遞給我，我的心意也完全傳達給他們。我清楚地聽見在令人憐惜的故事中，遭受痛苦的聲音。我仔細傾聽他們的聲音，我也擁抱他們的痛苦。那時眞是如此，我眞的可以做到，因爲那時我心有餘裕。

閱讀他們的故事，我的內心也跟著痛楚，我跟著他們鬱悶、憤怒，我也一起悲傷、絕望。看到想尋短見的內容時，我也想尋短見，因爲同理，他們的內心就成爲我的內心。這些事情一再重覆，我的內心愈來愈覺得疲憊。我開始因爲每天要閱讀數封要求諮商的電子郵件而感到吃力，每天要傾聽幾個心痛之人的故事也讓我覺得痛苦。

而就算我痛苦地閱讀這些故事，每當我發現完全無法爲他們做什麼的時候，我都會感到虛脫；在我想不起任何幫助他們的方法時，我只能感到巨大的無力感，可是這些心情也是我必須承受的。在提到經濟方面的困難時更是如此，只要有錢，情況可以獲得一定程度的改善，問題是我也沒有能力給他們錢。每當此時，我常常因爲不知道如何回信而感到難堪，最終只是增加了一封封寫不出回信的郵件。

他們艱難地用文字寫出難以啓齒的故事，爲了寫下這些事由，他們必定耗費許多時間和精力，但我竟然不知道應該怎麼回信，爲此，我覺得十分愧疚。對於期待我伸出援手的這些人，我也感到自責。我雖然想盡量忍耐這些羞恥心和罪惡感，但從某一瞬間開始，我感覺已經到了無法承受的地步。從那時起，我再也無法寫下任何回信，並不是我沒有時間，而是我的內心已經過度疲乏。

我的內心愈發疲憊，但他們的痛苦不曾稍減。不分晝夜、週末或平時，他們的痛苦不間斷地堆積在我的收信匣裡。不僅郵件，經由紙條、回覆和訊息，無數的苦痛從全國各地飛來，他們都要求我的協助。打到精神健康福祉中心的詢問電話也大爲增加，通過熟人的諮商請求也不少，最終，我被埋葬在無法承受的故事和痛苦之中。而我一感到痛苦，終究無法再承受任何人的苦痛。內心的極限到了谷底，我也終於看到了自己的底線。

明明從我的嘴裡說出要一起分擔苦痛，這不是誰要我這麼做，而是我發自內心的想法。可是我再也無法承擔了，我的極限比想像的更快到來。也許從一開始我就是在挑戰不可能的任務，開始這個愚蠢的挑戰是我的錯誤，我根本沒有能力幫助所有人，卻豪言壯語說我會這麼做。也許我給那些傷痛的人暫時的希望，結果卻給他們帶來更大的失望，這是我犯下的最大錯誤。

我內心的空間無限狹窄、低淺，根本不可能裝下那麼多人的眼淚，結果也沒裝多少就溢出。在滿溢之前，我雖然看不清自己的極限，但在溢出之後，我的極限如實呈現。從那時起，問題開始發生，我連登入都開始躲避，甚至還開始迴避接聽手機，若不是一定要確認郵件的情況，我根本不會進入電子郵件網站。如果手機出現沒有儲存的號碼，我乾脆就不接電話，有時甚至連儲存號碼的電話都不接。我一回到家裡，就把手機調到靜音，直到隔天早晨出門為止，我連手機都不看一眼。

任誰來看都可確認發生了問題，而且已經是接近病症的程度。逃避並不能解決問題，可我仍然像把頭埋進地裡的鴕鳥，就這樣逃避了數個月。我曾自詡要成爲傳遞幸福的「hanky」，但連我自己都只感覺到失望和挫折，更別說幸福了。毫無畏懼、勇往直前的「hanky」在不知不覺間竟成爲被嚇到的小狗一般，低垂著尾巴，充滿無力感。我終究成爲連自己都不想看、不願想像的模樣。

但如果我只是這樣過日子，那我必定是得了心病。如果我只是一味貶抑自我，認爲自己就只是這樣的傢伙而已，而且什麼都不做的話，那很清楚地，最終一定會變爲如此。但我在幾乎要窒息的狀況下，隨時爲自己戴上氧氣面罩；在似乎要倒下的情況下，我隨時握住拐杖。我雖然即將到達極限，但從未停止審視自我；無論如何辛苦，我從未停止諮商。諮商對我來說是氧氣面罩，也是拐杖。在諮商車、中心，有時在自習室裡，我持續和心痛之人見面。受熟人託付的諮商也持續進行。直接見面、面對內心、分擔傷痛這些事成爲我守護「hanky」的力量。願意將苦痛和我一起分享的這些人，成爲我不放棄「hanky」理想的原動力。

無論如何辛苦，做到該做的事這個事實讓我能夠繼續從事這件事；雖然吃力，我正全力以赴的這個事實讓我能夠繼續從事這份工作。而且不只是我一個人，如果我們能夠一起從事這份工作，有更多人會因此得到安慰和鼓勵。我相信那一天一定會到來。

我今天也收到郵件，而且我今天也進行了諮商。明天我也會收到郵件，明天也會進行諮商。可是我知道，比起我幫助的人來說，我沒能幫助的人會更多，我想對他們說：

對不起，我沒能回信。

對不起，我沒能幫助您。

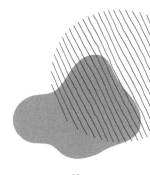

非法醫療行為？

在我感覺無法獨自承擔的時候，有一些SNS上的朋友提議要共同營業（？）。他們建議將免費諮商改為付費制，收取任何人都能負擔的小額諮商費用，一起幫助那些需要幫助的人。我雖然感謝他們希望一起服務的心意，但對於他們提議要收費一事難以接受，於是鄭重拒絕。

每天從不間斷、連續而至的諮商請求已經累積到無法處理的地步，我十分需要一個突破口。我認爲如果交通時間能夠獲得節省，則還能多諮商兩、三個人，於是我想到影像聊天。雖然不能和實際看著對方臉孔的諮商相比，但還是比電子郵件、訊息或電話通話要好得多。我認爲影像諮商是能代替面對面諮商的唯一方法。就在那時，剛好有個老朋友提議一起進行免費影像諮商，他說他會做好所有準備，我只要在可能的時間進行諮商即可。

我因為太過高興，在SNS上公布了這一消息。兩天後，衛生所跟我聯絡，說有人看了那個公告後，向衛生所提出檢舉。掛斷電話之後，我立刻在SNS上寫下下列文字：

我不是在診療病患。
我只是在傾聽沒有地方傾訴的人的苦悶。
有愈來愈多人要我幫助他們。
從濟州島、全羅道、還有全國各地寄來令人惋惜的內容。
可是我只有一個身體，我的時間也很有限，於是對於大部分的請求都不得不拒絕。

非常惋惜，也很對不起，我的心情非常沉重，就好像面對日積月累的作業一般。

就在我思索是否有解決的方法時，我接到了老朋友的提議。

他正在計畫社會事業，要我幫忙他進行免費影像諮商。

我心想終於可以幫助那些因為相距遙遠，過去沒能幫助的人，於是很爽快地答應他。

在才能捐贈的層面上，我一直從事免費諮商，所以也毫不猶豫答應他。

因此我抱著喜悅的心情，在我的ＳＮＳ上公布了此一消息。

我說「也許會進行影像諮商」。

可是有位看到這個訊息的人認為我想從事非法醫療行為，於是檢舉我。

身為引發這一問題的當事人，我在這裡做出說明。

我承諾絕對不進行影像諮商。

做了非法（？）的事情，絕不能說自己是在服務人群。讓大家費心了，我非常抱歉。

我根本沒想到自己會寫下這類文字，我也沒想到因爲這件事情會被檢舉。有人大概認爲如果我進行免費影像諮商，自己會受到損失，那個人大概也是在從事諮商的工作。

經歷這樣的事情之後，我猛然領悟如果再像唐吉訶德一樣活下去的話，總有一天會出大事。我雖然是「瘋了」的精神科醫師，但絕對需要時時警醒。但即便如此，我仍然不希望自己成爲「時時警醒」的精神科醫師，因爲那樣的話，我再也不會開諮商車出去進行諮商。

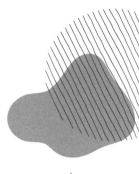

生平第一次說的話，要承諾一輩子的話

在諮商車裡，我經常會聽到一句話。

「您不會把我的祕密洩露出去吧？」

對於這個問題，像是確認，也像是要求。下列這些話也經常聽到：

「您在演講的時候，不會把我的苦悶說出去吧？」

「您不會在書裡寫我的故事吧？」

對於精神科醫師等進行諮商的人而言，「保守祕密」是比性命更重要的事情。諮商的人已經習慣於保守祕密，所以我的回答經常都是：

「那種事情絕對不會發生，別擔心。」

要想在別人面前展現從來沒有展現過的內心，訴說從來沒有對別人說過的隱情，首先必須克服巨大的恐懼。會不會告訴第三者、會不會無法獲得理解、別人會不會覺得我是異類、我會不會被責備或批評、會不會更痛苦等，這些恐懼都會如影隨形。正因如此，想要將嘴巴張開是一件多麼困難的事？就算決定接受諮商，進入諮商車，想要克服恐懼並不容易。

我因為十分了解這種恐懼，所以我如此回答：

「您可能會覺得不知道要從何說起、要怎麼說。您就從想起來的部分開始說吧，我會跟著您的思路。如果無法理解，我會隨時問您。」

我一說完，他們的表情都會變得平緩，緊張也慢慢消除。

「您只要說您想說的部分就可以了。」

「您就說您可以說的部分、內容就可以了。」

如此附加說明後，他們的心門都會慢慢開啓。

剛開始，他們並不會說太多，就如同心門被開啓的程度，但他們的心門會愈開愈大，因爲隨著訴說內心的想法，心門也會一點一點地被推開。而隨著內心逐漸被開啓，談話的內容也會變得更多、更眞摯。爲了順利進行這一過程，有一件事是必須的，那就是傾聽這些愁苦、心痛的內容時，我的內心也必須充分開啓，因爲我必須用心、完全地接受他們難以啓齒的故事。如果我的內心不能充分開啓，無法接受、產生共鳴，他們的事由會被我內心的窗框絆倒，因而無法進到我的內心，就此被彈出。

如果要明確說明開啓我心門的方法，那就是最大程度地自制，讓自己不去臆測、評價對方的心理。臆測就如同在空白的圖畫紙上事先畫上圖稿一樣，在理解對方內心時會形成障礙。如果事先畫上圖稿，只會把對方的內心硬套在圖稿上而已。另外，指責或評鑑對方的圖畫如「這條線畫歪了」、「那個圓變形了」的行爲，會讓對方養成看臉色說話的習慣。諮商最重要的就是讓對方將心門打開，因此我會將評鑑推延到後半部。在那之前，我只會以「我什麼都不知道」、「我希望能了解您、產生共鳴」的態度，最大程度地將自己的內心打開。

前來諮商車訪談的人會在比較短的時間內，傾吐出比較深層的內容。剛開始會向我吐露一、兩個輕微的話題，在他們覺得不再需要避諱時，會逐漸進入更加沉重、難以啓齒的內容。就這樣毫無障礙地進行諮商後，不知不覺間，已經到了結束的時刻，這時，大部分人都會非常驚訝。

「我沒想到連這樣的內容都會說出來。」

「我在來的路上，原本已經下定決心只說到這裡。」

「醫師，我還眞是生平第一次把這樣的事情都說出來。」

我會信守和他們立下的約定，正在寫書的現在，甚至未來，直到我死去的那一天，都會守住這些祕密。但即便如此，在這本書裡並非完全不會出現這些諮商的案例。我會適當地修飾，傳達這些心痛之人的故事。我必須再次強調，這本書裡出現的所有案例都是以實際狀況爲根據的虛構內容，我必須如此做，因爲這是對那些克服心理障礙、接受諮商的人最基本的禮貌，而且也是我和他們之間的約定。

第三章

我覺得人生不適合我

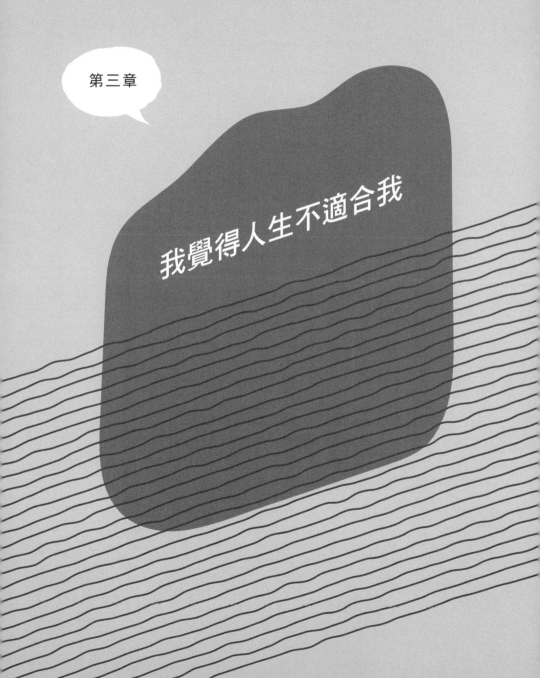

那能夠用話語表現嗎？
你知道應該怎麼說明嗎？

有很多不能用語言表現的話語，
無論是語言的限制，
還是想說這話的人的限制，
會有那樣的時候。

無法用語言表現的時候，
應該怎麼辦才好呢？

那樣的時刻，請不要說任何話語，
也不要勉強去創造出任何話語。

沉默並非沒有話語的狀態，
而是沒有聲音的狀態。

不說話，
也是一種表達。

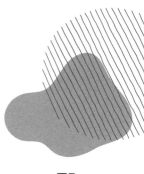

醫師也哭了，所有人都叫我忘了吧！

今天終於下了久違的雨。下雨天在諮商車裡進行諮商，總是能聽到晴天時無法聽見的聲音，雨滴從天而降的聲音、雨滴敲打諮商車的聲音。下雨的日子在車裡諮商，就好像聽到母親心臟的聲音一般，心情總會平靜下來。在等待今天第一個故事的期間，我用心傾聽懷念的雨聲。

「唉，雨老是下個不停。」

一位撐著雨傘的老奶奶敲了敲諮商車的車門，然後如此說道。在這樣的下雨天，我對於她的到來一方面覺得感謝，另一方面又覺得抱歉，於是連忙起身迎接她。爲了讓老奶奶能順利地上車，我將手臂伸直，小心地扶著她。因爲她的身軀較小，一下子就進到車裡。究竟是因爲什麼苦悶，讓她在下雨天來到這裡？我觀察她的臉色，從外表看來，她不太悲傷，也不太憂鬱。

「奶奶，您有什麼苦悶嗎？」

老奶奶的眼珠閃動，緊接著，表情黯淡下來，臉孔和剛才明顯不同。她費勁地開口說道：

「像今天一樣的下雨天，眼淚流得更多。」

雖然只是短短一句話，卻讓人感到心痛。外面在下雨，淚水是不是也因此跟著流下來呢？老奶奶的眼裡好像就要流下眼淚，於是我確認了面紙盒的位置。

「我女兒走了……。」

如我預想的，老奶奶的眼淚如雨滴般落下，敲打車頂的雨聲聽起來就像是老奶奶的淚聲。

老奶奶說她之前和女兒一起生活，爺爺在五年前因爲肺癌過世，其他的孩子都結婚了，沒有住在一起。女兒沒有結婚，和老奶奶一起生活超過四十年。五年前丈夫過世，一起生活的女兒又離開人世，她現在一個人居住。

「醫師，我的女兒還這麼年輕，你知道她是什麼原因走的嗎？」

老奶奶的聲調升高，她悲痛欲絕的情感也瞬間傳來。我緊閉雙唇，雙眼睜得老大，然後直覺感到老奶奶的情緒暴風即將來襲。

「我女兒是窒息而死的。」

我被她這句超乎想像的話語嚇了一大跳。是被掐死的？我不由自主地張大嘴巴。

「窒息而死？是遭遇什麼事故嗎？」

老奶奶把頭低了下來，非常緩慢地回答道：

「不是事故，是病死的，我女兒也是因爲肺癌死的。」

「我女兒也是」這句話在我耳際迴響。

經過好一陣沉默，卡車外面的雨聲愈來愈大，好像是代替老奶奶哭訴一般。

「醫師，我是傻瓜，因爲我的無知，我女兒才會死的。我完全不知道如果丈夫死於肺癌，女兒也有可能罹患肺癌。我爲什麼沒想到要讓女兒去做肺癌檢查？」

老奶奶又再次抽泣，她認爲不是肺癌，而是自己的無知殺死了女兒。我雖然想說「奶奶，這不是您的錯！」但我覺得還不到時候，還得再聽聽她的話。

「我女兒氣喘好多天才去了天堂，您不知道她有多痛苦，我甚至祈禱上帝趕快把她帶走。我也好像跟著她一起喘不過氣，眞是太痛苦了，那個情景還在我夢中出現。我女兒走的那天也下著雨，雖然悲傷，但也覺得安心。我想她現在在天堂那個地方應該能順暢呼吸了。」

打破了長久的沉默，我也張口說道：

「像今天一樣的下雨天，您應該更想念女兒吧？」

「是啊，更想念她。她現在在靈骨塔，可是那裡的交通非常不方便，沒有一次就能直達的公車，坐計程車的話又太貴。」

我又變得啞口無言，還好老奶奶先行開口。

「醫師，所以我也想過要不要買輛摩托車，就好像中餐廳送外賣的那種。如果我有一輛摩托車，我想女兒的時候，不管任何時候都方便前往了。」

我的腦海勾勒出一幅老奶奶在下雨天騎著摩托車去看女兒的場面，那一瞬間，我的眼淚不由奪眶而出，我還沒能抑制住，老奶奶就看著流淚的我說道：

「我說這些話的時候，其他孩子都叫我不要再這樣，趕緊忘了她吧，可是您卻哭了，聽了我說的話，您卻哭了。」

下雨的那天，我和老奶奶的眼裡都流下撲簌簌的淚水。

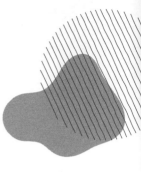

我的孩子生病了

諮商的時候會見到一些撫養和我兒子差不多年紀孩子的媽媽，每當這個時候，氣氛都會變成把孩子送到托兒所（或幼稚園）的父母聚會一般。我身爲父親，她身爲母親，我們會交談一些孩子的話題，當然，因爲我是扮演諮商的角色，主要是傾聽。

我在醫院服務的時候，主要是負責「上癮症」領域的病患，所以從來沒有對撫養幼兒的年輕父母進行過心理諮商。在老二滿十一個月的時候，我離開了醫院，開著諮商車到處進行諮商，從那時起，我才開始有機會和媽媽們見面。她們大部分都飽受育兒憂鬱症所擾，因爲撫養孩子，她們的身體、心靈都處於心力交瘁的階段，但仍振作精神、勉強支撐。原因在於她們大部分都是「獨自育兒」，明明存在的父親不在孩子身邊，明明存在的丈夫也不在妻子身邊。她們其實正罹患心理疾患，她們如此說道：

「有時候我眞討厭那個可愛的孩子。」

「孩子哭整夜的時候，我眞想去死！」

討厭孩子的程度代表撫養孩子的艱辛程度，有時候說自己想死，其實是在表達自己的痛苦。這些母親看起來好像電力即將用盡，十分危險。

還有更危險的母親，就是撫養病童的媽媽。她說孩子出生的時候明明沒有問題，似乎可以健康地成長，但不知從何時起開始患病。孩子是自閉症，自從醫院做出如此診斷之後，她爲了孩子的治療辭掉工作。在收入減少、治療費用又很昂貴的情況下，她說遲早要借款度日。對於她的嘆息，我也不自覺地閉上眼睛。我在聽到金錢上的困難時，心裡覺得更加沉重，每當此時，我不知道應該如何說、說出什麼樣的話語，於是總會把頭低下來，或者閉上雙眼。對於父母而言，有應該直接照顧患兒的責任，而對於病童而言，應該要有專家提供治療的機會。可是同時擁有這兩種能力的家庭，在當今社會上究竟有多少？

我連忙把頭抬起來，睜開眼睛看她的臉。從剛才一直流著眼淚的她，臉上依然滿是淚水。

「醫師，自閉是遺傳病嗎？還是我沒把他照顧好，讓他得了這個病。」

如果我回答原因出在遺傳，那也是父母的過錯；如果我回答原因出在養育的方法，那也會是父母的過錯。所以我無法立刻回答，只是稍微停頓，但在我看到她略顯慌張的樣子後，我趕快開口說道：

「精神疾病的原因還不明確，用一句話來說，就是還有很多是我們不知道的。」

她的表情像是似懂非懂，因爲我的回答實在很模糊，她也自然會出現這種反應。她身上背著沉重的罪惡感，甚至要比治療孩子的負擔還更嚴重。她被「孩子有什麼錯？這都是生出這種孩子的媽媽的錯，都是養出這種孩子的媽媽的錯啊！」這種固有觀念所困擾。當然，我們不能說孩子的病完全不是父母的過錯，因爲是父母，肩上不得不扛下一定程度的責任。可是她所背負的自責看來未免太過沉重，就好像是下定決心要懲罰自己的人一樣。

我首先想像，如果我是她，如果我的兒子患有自閉症，我會有多少罪惡感？光是想像就覺得很可怕，接著立刻感受到無比的憤怒。

「爲什麼我應該有罪惡感？我究竟犯了什麼錯？我兒子什麼罪都沒有，卻得到這個病，就已經令我覺得很冤枉了，我爲什麼還要承受罪惡感？」

對於一瞬間產生的憤怒，我自己也嚇了一大跳。我趕緊將心情穩定下來，然後問我自己：

「我剛才感受到的憤怒，能不能說是太過分了？」

我的回答是No。

反過來說，我因此更能對她感受到的罪惡感產生共鳴，而且我覺得不能對她的感受做過多的判斷。

我那天在回家的路上突然想到：在她發現自己的孩子不對勁之前，她的孩子就已經生病了，而且她的孩子在未來也一定會知道自己得病，那麼是不是所有的希望都消失，只剩下絕望呢？

當然，對於生養病童的父母來說，無論是誰說了什麼話，都不會完全消除他們的罪惡感。即便如此，還是必須記住一件事：與其老是提問「因爲我的緣故，所以孩子才會得病嗎？」，不如反問自己：「我現在應該爲這個生病的孩子做什麼？」

我看了一下手錶，已經是晚上七點，想到獨自照顧兩個孩子的妻子，心裡不由著急起來，我感到回家的路比平時更加遙遠。

因為爸爸是精神科醫師

在那之後，我也見到了幾位孩子罹患發展障礙的母親。有一位媽媽哭著訴說自己的孩子現在八歲，勉強被編在一般班級，但可能還是必須轉到特殊班級。

她也跟其他撫養發展障礙孩子的母親一樣，說起孩子幼年時期的事情。在滿週歲之前，孩子實在是太乖了，一點都不煩人，給他吃什麼就吃什麼，長得圓圓胖胖的，就算是自己一個人也安靜地玩耍，所以照顧他很容易。可是到了二十個月左右，孩子開始自言自語，嘴巴裡老是反覆著大家都聽不懂的外星語。但是無論如何反覆教他「爸爸」、「媽媽」這些單字，他就是不肯跟著說。

滿兩歲以後，這位母親把孩子送到托兒所，可是孩子無法適應。他完全無法和朋友玩在一起；托兒所準備的午餐或點心，他連一口都不吃；睡午覺的時候，別的小朋友都按照規定就寢，只有他一個人跑來跑去；上課的時間他也不能安靜地坐著，老師無法管理。

事實上，從剛才開始，我好像在聽她說我自己剛滿兩歲的老二的情況，我兒子的狀況似乎經由她的嘴裡說了出來。我一直希望相信他只是成長比較緩慢而已，絕對不是患病，但這位母親似乎在告訴我：別再自我安慰、正視現實吧！

可是我這次還是希望否認，內心老是念著「老二還小，誰都不知道」的咒語，但其實心裡並不舒坦。那位母親說的就是我想說的話，我的心情就是她的心情。或許因爲如此，我覺得似乎可以向她透露我的心事。

「我們家老二就是這樣。」

聽到我的話，她突然停止流淚。

「我還沒告訴過任何人，包括我妻子在內。因爲我不希望讓她提早擔憂，畢竟孩子還小，也許會慢慢改變也不一定。所以只有我自己一個人知道，我自己一個人觀察著孩子。」

不知不覺間，我們的角色轉變，身爲諮商者的我變成接受原本是來訪者的她的諮商。我沒有再繼續說下去，所以陷入短暫的沉默，但在這段沉默的時間裡，我感受到她的共鳴和安慰，因爲她的表情就是如此。

「您比我更早發現，因爲您是精神科醫師，所以您的孩子也一定會好起來的，因爲他爸爸是精神科醫師。」

她鼓勵我。

「因爲爸爸是精神科醫師。」

回家的路上，我一直想著她說的話。可是因爲我這個父親是精神科醫師，所以提早發現，這眞的是一件好事嗎？會不會因爲我是精神科醫師，所以獨自做出錯誤的診斷？

我眞想趕快見到我家老二，眞想趕快擁抱他。

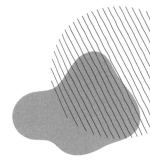

我的孩子也生病了

今天老二要去新的托兒所，他離開原先的托兒所，去了第二家。在決定第二家托兒所的期間，兒子和媽媽一整天都在一起，從今天起，他必須離開母親的身邊。兒子還不知道一小時後會發生的事情，也因此身爲父親的我從一大早就覺得心情沉重，因爲我已經預見他不想和媽媽分開、大哭大喊的模樣。

一年前他第一次上托兒所的時候，使盡全身的力氣掙扎、哭喊。我的耳膜好像就要破掉一樣，而我的心也好像要破碎。他不喜歡，並且害怕去陌生的地方、面對陌生人，於是拚命哭喊。

不知是幸還是不幸，今天妻子要自己一個人帶老二去新的托兒所。她比我更能忍受孩子的哭聲，所以稍稍放心，但那也只是我的立場，從老二的立場來講，其實還是一樣痛苦，因爲他會覺得又要離開媽媽，即便是短暫期間。

也許讀者會認爲兒子又不是要去遠方的軍隊，只是住家前面的托兒所而已，幹嘛這麼擔心，可是其實是有原因的。

老二生病了，不是身體上，是心理上的。我接受他心理有問題這個事實還不到幾個月。其實我曾經自己一個人懷疑過，那時我完全不能接受，我希望答案是否定的，於是等待許久，可是這個問題並不是時間能夠解決的那種小問題。我雖然盼望兒子只是成長比較緩慢，但其實並非如此；我雖然盼望兒子只是跟別的孩子不一樣，但事實上也並非如此。

我接受了孩子有問題，並且帶他去兒童發展中心。經過檢查，過了幾天之後，結果揭曉。因爲已經做好心理準備，而且已經接受，對於檢查結果並沒有太多驚訝，但取而代之的是非常心痛。兒子生病的事實也讓我非常心痛，而他對於自己的狀況完全不知情的事實更加令我心痛。

回想起來，我在跟孩子罹患自閉症的媽媽們諮商時經常哭泣；妻子和兩個兒子已經睡著的夜裡，我也獨自無法入眠而哭泣；早晨淋浴的時候，邊淋著從蓮蓬頭噴出來的水邊哭泣。有些日子，我坐火車去地方出差，卻無來由地流下熱淚；有些日子，我在路邊看到和老二差不多大的孩子，卻頻頻滴下熱淚。這種「如果我的兒子也像這些孩子一樣平凡就好了……」的願望和我見到的人心中所想的「如果能平凡度日就好了」愈來愈像。

我以前不了解，就如同我家老二對自己毫無所知一樣，我也是對發生在兒子身上的一切事情毫無所知。剛開始的時候，每當聽到那些媽媽擔心自己生病孩子的情況時，我只覺得自己的孩子很健康，心裡還覺得萬幸。可是不知從何時開始，突然懷疑起老二的狀態，愈是與孩子得病的母親們進行諮商，那些疑問都轉變爲不祥的預感。

原本只有我自己一個人知道，某一天我決定要告訴妻子，因爲妻子對孩子的問題也有了解的權利，並且對孩子有責任。我們家人去了外地旅行，最後一個晚上，哄了兩個孩子睡著之後，我說出了沉重的心事。妻子哭了，也許因爲丈夫是精神科醫師，她對於丈夫的診斷並沒有懷疑，也沒有反問任何問題，只是默默接受。可是她接著說了一句我完全意想不到的話：

「老大太可憐了，他怎麼辦呢？」

妻子發抖地說出這句話，我才想起大兒子。我到那時才擔憂起要和生病的弟弟一起成長的老大，我一直擔心老二，卻忽略了老大，我覺得實在太對不起在旁邊打鼾的大兒子了。父母的關心和擔憂如果僅偏向兄弟中的一人，另一人必定受到影響。另外，父母照顧子女雖是當然之事，但哥哥照顧弟弟並非必然，所以我的大兒子也實在可憐，我爲何直到那時才醒悟？

我向妻子說明了未來的計畫。老二生病了，可能還是必須再次回到醫院，像現在一樣工作的話，非但收入不規律，且生活不安定，作爲家長不能再這樣下去了。那天向妻子如此訴說了苦悶許久後做出的結論。從現在起，每個月都必須支付老二的治療費用，最大的問題是治療這種病不可能預估時程，也許是幾年，也許是幾十年，無人知曉，所以需要固定的收入。妻子同意我的計畫，但也覺得惋惜，因爲她比誰都了解丈夫原本計畫、推動的事情，而且這些事情經由努力，已經獲得實現。

老二從滿三十一個月起，開始接受治療。反覆進行語言治療和感覺綜合治療，並且正漸次增加治療次數和時間。開始進行治療、正在接受治療這兩件事情在某種程度上就已經是安慰。可是目前爲止的治療過程並不順利，有很多日子都是大哭、吵鬧、躺著耍賴。這是當然的，因爲他不知道自己生病，他不知道自己必須進行治療。

發展障礙兒童的父母有很多時候都希望自己的孩子不要再長大，隨著時間的推移，自己的孩子和其他孩子的差距會愈來愈大，孩子總有一天也會知道這個事實，他也會變得很難過。

什麼都不知道的老二今天去了第二家托兒所。

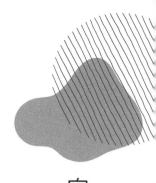

自尊心與愛情的關係

「如果聯絡不上男朋友，我就好像快瘋了一樣！」

這是一個女大學生的苦悶，她男朋友比她小一歲，但她說男朋友就像哥哥一樣，性格穩健，雖然年輕但很成熟、親切、有男人味。身爲男人的我聽起來也覺得他似乎是很好的男朋友，問題是她男朋友並不總是如此。偶爾會有打了數十通電話、發了數十則訊息也聯絡不上的情況，然後隔天男朋友會先聯絡她，說什麼「昨天太忙了，沒接到電話，對不起！」、「昨天太累了，沒能回訊息，對不起！」之類的話。

我雖然覺得那個男朋友要是能不說「對不起」之前的話就好了，但有趣的是，她每次都接受男朋友的道歉，並且原諒他。她說這種事愈是反覆發生，她愈覺得自己更加悲慘，但另一方面，她又非常畏懼男朋友拋棄自己。

聽她說了好一陣子心裡話之後，她的目光突然發生變化，問我：

「醫師，這是執迷吧？對嗎？」

她已經知道了，她並不是對她和男友之間是愛情還是執迷感到困惑，而是想知道如何才能從執迷中解脫。

「醫師，我是因爲自尊心太弱才會這麼執著吧？我弱的自尊心是最大的問題吧？」

在我做出回答之前，她先說出了「自尊心」這個單詞。不知從何時開始，自尊心這個單詞成了流行詞，從與自尊心相關的書籍那麼暢銷的情況來看，就可略知一二。傾聽年輕人的苦悶，幾乎毫無例外地都會出現的話題就是自尊心。她已經知道自己的自尊心弱這個事實，而且也自己下了結論，認爲自己應該提昇自尊心。

我問她：

「如果提昇自尊心，執迷會變爲愛情嗎？」

她的表情有些驚慌，不久之後，她以失望的表情問我：

「提昇自尊心，執迷不會變爲愛情嗎？」

認爲自己有價値的人，即自尊心強的人懂得關愛他人；不認爲自己有價値的人，總是執迷於他人。概念上如此，但還有一種情況必須思考，那就是因爲別人的稱讚、肯定，自尊心因而獲得提昇。按照自己所定的標準，培養自尊心的情況也能獲得掌聲。但必須加以區分的是，你的重點究竟擺在哪裡？如果將獲得別人的掌聲視爲重點，則很容易因爲他人的緣故受到傷害，我把這種自尊心稱爲「不健全的自尊心」。自尊心應該是我尊重我自己，但如果將主導權移交給他人，就成爲不健全的狀況。相反地，「健全的自尊心」是我自己爲自己鼓掌，別人如果拍手固然很好，如果沒有掌聲也沒有太大關係。

愈在意別人的反應或評價，愈會形成「不健全的自尊心」，雖不能不在意別人的看法，但問題在於在意的程度。將別人的肯定視爲最重要項目的人即是在虛空中堆積自尊心的人，這種人在不久後會領悟自己培養的並非眞正的（健全的）自尊心，而是依賴感，以及執迷不悟。

正如她所想的，自尊心非常重要，但問題在於要培養怎樣的自尊心。健全的自尊心會引來關愛，但不健全的自尊心則會引發執迷。健全的自尊心會從自己成長，並且延及他人。珍愛自己的心滿溢流出，終究會滋潤他人。可是不健全的自尊心不是從自己，乃是從他人而來，因此會變得不安，並且會過度渴望。

我問她：

「如果自尊心的滿分是一百分，妳大概能得幾分？」

她以沒有自信的聲音回答：

「大概三十分吧？」

「交了男朋友以後，自尊心分數提高了呢？還是下降了？」

「下降了，原本只有二十分左右，在我努力之下，提高了很多，大概是六十到七十分吧？可是談戀愛以後，這還是初戀，一直在下降當中。」

「嗯，那妳以前是怎麼提高到六、七十分的？」

「我減肥減了二十公斤，所以變漂亮了。」

「所以托減肥之福，還交到男朋友……那個時候眞的很棒吧？」

「是啊！那個時候眞是到了七十分的高峰。」

她的自尊心之所以能到達七十分，首先是她按照自己訂的標準，減輕了體重，其次是她交了男朋友。達成自己計畫的目標，還出現了可以付出、接受愛情的人，自尊心獲得提昇是當然之事。

問題是從下個階段開始。在戀愛過程中，自尊心反而下降的原因在於她將自己人生的主控權交給男朋友所致。她過去按照自己的標準，主動進行減肥的精神，在某一瞬間消失不見。那是因爲她陷入與男友的熱戀，從而失去了自我。在她的心裡，只剩下男朋友愛不愛自己的問題而已。但她男朋友的心意完全無從理解，也無法改變，於是自己的自尊心也日益低下。

沒有一個人會對被別人操控的自己感到滿意，亦即失去自我意味著珍惜自己的主體已然消失，而主體既已消失，自尊心也自然爲之崩解。

我又問她另一個問題：

「妳和男朋友聯絡不上的時候，心情怎麼樣？」

「心裡鬱悶，幾乎不能呼吸，好像快瘋掉一樣。」

「那妳對自己的模樣怎麼認爲？」

「太令人寒心，太悲慘了。」

「你對自己都看不順眼了，自尊心當然降到谷底。」

「是啊，每當聯絡不到我男朋友的時候，眞的很討厭、怨恨他。」

執迷從害怕而來，害怕失去，所以抓得更緊。她爲什麼對男朋友是否會離開、拋棄自己感到不安？因爲她失去了自信，因爲她將自我主控權交給了男朋友，所以不可能對自己產生自信，也對自己的價値產生懷疑。

比起男朋友的心理，她應該努力理解自己過去未能觀照的內心，她應該找回失去的自我，應該再次找回自己消失的基準，絕對不能再因爲男友的話語和行動所影響，左右自己的愛情或執著。

我跟她說：

「不要想控制對方的想法，而是持守自己愛對方的心。愛情絕對不是要奪取對方的心，也不要讓自己的心被奪走。」

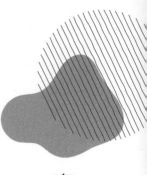

有沒有妳這個媽媽都一樣

一位中年女性小心地上來諮商車。

「有什麼苦悶嗎？」

一聽到我的問題，她立刻流下眼淚。那一瞬間，我雖有些驚慌，但因為已經經歷多次，還是能沉著應對。她的表情、抽噎其實已然回答我：訴說太過痛苦，實在是說不出口。

有很多人進來諮商車後，眼淚奔流，但那天那位母親在尚未訴說緣由之前，反而先留下眼淚的情況，讓我心痛如絞，幾乎無法承受。最後還是我先開口說道：

「您經歷了一些難以啓齒的事情吧？」

我一直小心翼翼地看她的眼色，好不容易說出這句話，她似乎也下定決心，要將心中的煩惱傾吐出來。她緊閉雙唇，看著我。

「我的女兒被強暴了。」

我曾經有過數次和性暴力受害者諮商的經驗，但還是第一次和受害者的母親諮商，而且按照母親的年齡計算，她女兒應該還是未成年少女。我再次小心翼翼地問道：

「不好意思，您女兒的年紀是……」

「高一。」

「……」

「她是獨生女，以前很乖。」

她用過去式來敘述，也就是現在不是那樣了的意思。我想可能是原本乖巧的女兒在遭到強暴之後改變了。

「我女兒幾天前竟然說『有沒有妳這個媽媽都一樣』。」

獨生女竟然向唯一的母親說出那樣的話，這表示她對母親怨恨、憎惡的程度到達頂點。那位母親又開始哭泣，好不容易才停住的眼淚又再次潰堤。

「還有誰知道這件事？」

「我、女兒，還有女兒的幾個閨蜜。」

那還算萬幸，至少女兒還有閨蜜，而且還告訴她們這件事情。

強姦犯有很高的機率是熟識的人，我雖然想問她強姦犯是誰，但實在是開不了口，只能取而代之如此問道：

「那個……請問您報警了嗎？」

那一瞬間，她的表情爲之僵硬。

「我女兒不希望我報警，她說除了閨蜜之外，不想讓別人知道。」

那她是怎麼知道的？

「那您是女兒直接告知的嗎？」

「是的，她打電話告訴我的，她喝得大醉，在舌頭都不聽使喚，不是清醒的情況下。」

女兒正是因爲相信、依賴母親，所以才會告訴她，可是這樣的女兒爲什麼會向信任的母親說有沒有妳都一樣？

「女兒是怎麼說的？」

「她說媽，我被強暴了。」

「犯人到底是誰？」

我再也忍不住了，如此問道。

「是同年級的男學生，我也認識那個孩子，因爲是我認識的人的兒子。」

熟人的兒子竟然強暴了自己的女兒。

「兩個孩子以前交往過，大人們都知道。」

因爲是認識的孩子，以爲可以不用擔心，所以根本沒想到會發生這樣的事情，用一句話來說，就是約會暴力。

「我女兒以前和那個孩子交往過，但她很討厭肢體接觸，而且她也不是非常喜歡那個男孩，是因爲他對我女兒還不錯，所以才交往的。」

她停止說話，嘆了一大口氣。

「所以您後來怎麼處理？」

「我雖然想馬上打電話給他媽媽理論，可是時間太晚了，好不容易才忍了下來。我急忙去接喝醉的女兒，一看到女兒，兩個人只能抱頭痛哭，什麼話也說不出口。」

不知道是不是腦海中清晰浮現出那天晚上的情況，她緊握雙拳，雙眼緊閉，眼淚又流了下來。

「我女兒隔天早晨很早就起床了，她說沒辦法去上學，還跟我說絕對不可以跟任何人提起這件事，包括那男孩和他的父母，只要我告訴任何人，她就會自殺。」

她的女兒是受害者，就算說要殺死施暴者都還不能解心頭之恨，竟然說如果告訴別人受害事實，自己就要自殺。

「因爲沒辦法獨自承受，所以只告訴了兩個最好的朋友，還說其實不想告訴我，只是喝醉了以後，不小心說出口。」

她緊閉雙唇，看來正竭盡全力壓抑湧上心頭的憤恨。對於她的痛苦模樣，我實在不忍心直視，心裡直想罵髒話。

「報警啊！就算是現在也要趕快報警。」

聽到我說的話，她似乎嚇了一跳，臉上表情略顯陰暗，旋即說道：

「就是因爲要不要報警這個問題，我們之間才變得更不好，我說要報警，但她說不行。」

我很擔心、而且很想知道她女兒現在的情況。

「最近您女兒是怎麼過的？」

「她終於去學校了，但很晚才回家。說是去K書中心學習，但怎麼讀得下去？我覺得她這麼晚自己一個人回家太危險，所以好幾次跟她說要去接她，但她總覺得我很煩。幾天前，她連招呼都不打，一直沒回家，我因爲太過擔心，所以去K書中心找她，她好像看到蟲子一樣瞪我。」

身爲母親，她該有多麼擔心？其恐怖的程度甚至超越擔心這個單詞。如果獨生女再發生相同或相似的事情……，可是女兒在這個爲了保護自己半夜飛奔而來的母親胸口插進一把匕首，用應該傳遞給加害者的輕蔑眼神怒視母親。

「然後她跟我說『有沒有媽媽都一樣』這句話。」

她又再次說出諮商開始時說的那句令她心痛的話，直到此時，我才知道爲什麼她用過去式說自己的女兒「曾經很乖」。

「您看著女兒的時候，是什麼表情呢？」

對於這個出乎她意料之外的問題，她顯得有些慌張。

「比如是憂心忡忡或者是充滿自責的表情？可能是哪一種？」

她暫時閉上眼睛，如此回答道：

「雖然不能正確形容，但我非常心亂、沉重、陰鬱，而且不舒服。」

「嗯……那女兒看到這樣的母親，會是什麼心情？」

她沉默了好一陣子，然後說道：

「可能快要窒息了吧？」

她說完這短短的一句話，就不停地哭著，不知道哭了多久。我再也沒有什麼可以安慰她的話，只能靜靜地等候她停止流淚，並且在內心深處爲她祈禱，希望她不要被自己感受到的女兒背叛壓倒，而是先能理解女兒混亂的心情，如果她能理解女兒的心情，就不再是可有可無的母親。

應該死亡的理由、應該活下去的理由

爲了和那些有心理問題的囚犯進行諮商，我每個星期都會去監獄。在和我進行諮商的犯人中，我會見到曾經試圖自殺或自殺危險性較高的人，我的任務就是將他們想要死去的心情轉化爲想要活下去的意念。

我聽過許多囚犯的故事，其中有個人讓我印象最深刻。那是一位被判四十年有期徒刑的四十多歲未婚男性，正如他在社會上生活過的歲月，他未來也將在監獄裡度過同樣的年數，這正是他必須承受的代價。

他以前的夢想和別人一樣——建立平凡的家庭，希望能成爲某個人的丈夫、某個人的父親。別人也許會質疑這也算是夢想嗎？這夢想未免太單純了，但對他來說，正如字面所示，眞的是「像夢一樣」的夢想。而此時，這個夢想再也不能實現。他說再也不存在讓他活下去的理由，也不想再活下去。

不是所有人都擁有活下去的理由，也不是所有人都擁有希望活下去的理由。但他因爲犯下令人震驚的事件，被判處幾近無期徒刑的重刑。他跟我說想立刻死去，要我別理他，好讓他能盡快死亡。他甚至要我幫助他盡快結束人生。

對他來說，四十年重刑反而還比不上死刑，等於是讓他死兩次。換個角度來想，如果我是他的話，我也不想活下去，因爲時時刻刻都好像被掐住脖子一樣。

置換他的立場並非難事，因爲我和他只相差兩歲，可以說是同一世代。如果和他一樣，未來必須在監獄裡待上四十年，而且必須放棄那些單純夢想的話，我想我也希望盡快結束剩餘的人生。連平凡的夢想都爲之消失的話，那還有什麼可以倚靠？

進言之，我的任務就是挽回囚犯想要自殺的心，可是在和他諮商的時候，不知不覺間，我的內心已經和他的內心愈來愈像，和他進行諮商，感覺愈來愈有負擔、愈來愈吃力。我自己都找不到他活下去的理由，又要怎麼說服他？

不知從何時開始，我不再草率地尋找說服他的理由，而是希望切實理解他想死的原因。首先，他覺得自己的案件有被冤枉的部分。他雖對自己承認的事實表示是自己的過錯，但看來對於其他部分有很多話想說，即便如此，他仍無法完全表達。

在進行了解之後，我判斷這是當然的，因爲從他小時候開始，身邊就沒有傾聽他說話的人。還好在進行諮商之後，他的話多了起來，他也透露許多原來只藏在他內心深處的話語。從他的變化可以得知，他從很久以前開始就一直忍受委屈，正是因爲這些委屈，讓他想結束自己的生命。

有一天，我小心翼翼地向他提出建議：

「你不要用死亡來告訴世間自己的委屈，要不要試試看用文字來呈現自己有多麼委屈？」

聽完我的提議，他只是搖搖頭，好像用身體回答：「我能做到嗎？」

一星期後，我們再次見面，諮商一開始，他就用低沉的嗓音說道：「醫師，雖然很微小，但我好像找到了希望。以前我以為自己唯一能做的選擇就是自殺，當我只想到死亡、只希望死去的時候，我完全想不起其他事情。但是托您的福，我也可以做其他思考了，我有了新的夢想，我想告訴大家我有多委屈。」

才過了一星期，就發生了這個如同奇蹟般的事情。

我們的思維可能變柔軟，也可能變僵硬。根據我身處的環境、心理狀態，想法也會隨之改變。就如同這個諮商案例，如果身處人生最惡劣的狀態，想法也會變得僵硬。可是無論是如何惡劣的條件，根據獨自還是共同尋找解決的方法，結論會完全不同。

如果有必須死去的原因，那就一定存在必須存活的理由。如果有必須哭泣的原因，那也必然存在應該要笑的理由。錢幣分明兩面都存在，我們卻經常忘記這個事實。正因如此，對於我們而言，有一種人是必須存在的，這種人會喚醒我們暫時遺忘的事實，會協助我們檢討自己的結論是否正確。

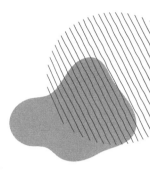

和憂鬱症病患一起接受的臨終體驗

我曾經和憂鬱症病患一起接受臨終體驗，該病患嘴裡老是重覆沒有活下去的理由、想尋死。他雖說想經由諮商，再次尋找生命的理由，但並沒有什麼進展。與我期待的相反，他反而想盡力尋找應該死去的理由。在我感覺到自己的能力和諮商已經遇到瓶頸之時，突然浮現一個念頭，不要費勁讓他和死亡分開，相反地，讓他嘗試面對死亡。幾天後，我向他提出建議：

「○○先生，有一種心理治療的方法，叫做臨終體驗，您要不要試一下？如果您經歷過死亡，您想尋死的念頭到底對不對，可以按照您的本心確認。」

乍看之下，也許會以為這是賭博行為，但其實我心裡有數。他之所以想尋死的最大原因是在家庭環境上，他想盡快賺錢，但找不到工作。他說無論任何工作，他都會去做，可是沒有人錄用他，處於這種情況下，倒不如死了算了。這樣的原因是否眞能成爲他尋死的原因？他說只要能工作，一定會好好活下去，而且工作機會也許在明天或後天就會出現，更何況他還有老母親，想要獨自死去絕非易事。即便如此，我也不能確定他絕對不會尋短，唯一能相信的，是他如果先行經歷死亡，也許對於生命的態度會爲之改變的可能性。

對於我的提議，他顯露出一副有些高興、也有些難堪的曖昧表情，但我說我也一起體驗之後，他欣然同意我的提議。

四月的某個春日，我們一起體驗死亡的滋味。雖然是虛擬情況，但我們一起體驗了死亡的瞬間。我們在自己的棺材前穿上壽衣，然後凝視事先準備好的遺照許久。我在照片裡看起來面無表情，卻也有些悲傷。接著我們開始寫下放在遺照前面的遺書，給我們的時間只有五分鐘。距離人生的終結竟然只剩下五分鐘，雖然我們知道這所有的一切均非現實，但只剩五分鐘的這句話讓我喘不過氣來。五分鐘，早上不想起床，翻來覆去的五分鐘；爲了節省午餐時間，狼吞虎嚥吞下便當的那五分鐘；躺在兒子的床鋪上，哄他睡覺的那五分鐘。如此短暫的時間卻是我人生剩下的唯一時間。

我沒有時間再去寫那些繁瑣冗長的話語，我希望在臨終之前寫給我能想起來的人一些簡單、有意義的遺言，好讓他們在五十年後依然能記住。我變得著急，即便是多留下一個字，能夠讓他們記得我久一點，而因爲這種深切的期盼，我的大腦一片空白。於是比起留下什麼話語，我希望現在能馬上看到他們的臉孔，就算不能說出任何話語也無所謂，只要能讓我見到他們最後一面。

我潸然淚下，滴溼了書寫遺言的紙張。熱淚不停地流下，難以寫下遺書。可還是得寫，因爲得留下最後的話語。我雖想壓抑湧上心頭的悲傷，但從緊咬住的牙齒中間，還是流瀉出悲傷。

離開的人雖只要離開就好，但留下來的人必須和離開之人的記憶一起存活。我第一次感受到個人的死亡對於周邊的人來說，是非常抱歉的事。

我雖最先想起妻子，但首先還是得向父母親告別。我對於沒能經常去看他們、沒能說一句溫暖的話語感到後悔。我不曾爲父母做任何事情，因此感覺心痛。從在母親的肚子裡開始，她給予我無限的關愛與照顧，可是我卻沒有時間、機會反饋，這讓我覺得悲痛。我要感謝他們撫養我這個不聽話的怪異兒子，而且讓他們白髮人送黑髮人，這讓我覺得非常對不起他們。這所有的心意都很難用文字表現，我只想緊緊地擁抱他們，放聲大哭。最終，我寫給父母的話只有對不起、感謝而已，這就是全部。

原本還有必須感謝、抱歉的人，那就是我另外的父母——岳父、岳母。他們信任我這個女婿，總是給我無限的信賴和支持，可是時間太過急迫，我沒有時間寫給他們隻字片語。

現在到了要向首先想起來的人道別的時刻。在寫下妻子名字的瞬間，我才醒悟到，我已經太久沒有叫她的名字了。我不自覺地嚎啕大哭起來。結婚七年來，我沒有爲她做過什麼事情，我不想就這樣死去，至少此刻。我想再活一天，不，即便是再活一小時都好。我想立刻跑去看她，我想跟她吻別，感謝她辛苦撫養包括我在內的三個兒子。這所有的一切對我來說，都好像是現實，不，根本就是現實。臉上掛滿眼淚、鼻涕。我以前曾經數度想像過死亡，但想像畢竟只是想像。我覺悟到給予我的時間正在消失當中，我得加快速度了，我開始哭哭啼啼地留給妻子最後的話語。

「就算我不在，我也希望妳堅強地撫養兩個兒子，眞對不起，我先走了，沒有辦法信守一輩子在一起的承諾。」接下來，要寫給兩個兒子了。大兒子早晨出門要上幼稚園的模樣在眼前隱隱浮現，他很會爲別人著想，我從他身上學到很多東西。

「看到你，我經常反省自己。我希望你像現在一樣，懂得關懷朋友，長大以後也是一樣。」

接下來輪到老二了。和想起父母、妻子、大兒子的感覺不同，也許是因爲和他在一起的時間最短。我的心跳加速，呼吸也變得急促。我完全和他在一起的時間究竟有多長？每次都以他比較依賴媽媽、以自己專門照顧老大爲藉口，沒有和他一起度過充分的時間。我爲什麼沒能再多擁抱他一次？我眞後悔。

「對不起，我應該再多愛你一些。就像爸爸、媽媽幫你取的名字一樣，希望你永遠幸福。」

在賦予我的五分鐘時間內，我留了遺言給這五個人，每個人平均只有一分鐘。只有一分鐘，在這一分鐘裡，我做了即便是一百小時也不夠的告別。提醒我進入棺材裡的鐘聲響起，此刻眞的一切都結束了。不知是否因爲畏懼死亡，傾瀉而下的淚水突然停止，我嘆了一大口氣。爲了和世界告別、爲了結束我的生命，我打開棺材，身體緩緩地躺進棺材裡。也許是想延緩死亡，即便是零點一秒，我躺進棺材裡的動作十分緩慢。

棺材終於蓋上，我再也不存在，我的世界也不再存在。我想確認到底是死了還是活著，拼命睜大眼睛。可是就好像閉上眼睛似的，前方一片漆黑，我看不到任何東西。雖然我一伸手就能碰觸到棺材的蓋子，但似乎無論我如何揮手，都不能觸及，就好像獨自漂浮在黑暗的宇宙中一樣。對我而言，非現實已經變爲現實，周遭一片寂寥，只剩下我一個人，也許那時我已經變成宇宙也未可知，或者變爲黑暗。

接下來，我聽到一聲高喊，穿透了那片靜寂，就是和我一起做臨終體驗的病患發出的吶喊。

「我不想死！我不想現在就死！」

接著傳來用兩個拳頭敲打棺材的聲音，棺材的蓋子似乎即將破碎。

「我要活下去！我再也不想死了！我想見我母親！她現在一個人在家裡!!」

他近乎咆哮的喊叫聲穿過密封的棺木，傳入我的耳朵裡，那一瞬間，我停止的眼淚又沿著臉頰流下，我才意識到自己還活著。

我們經由死亡再次誕生，全力呼喊不想死的他再次找到活下去的理由，而我經由書寫遺書的過程，再次找到絕對不能死的理由。我們事先體驗死亡，重新學習生命的意義，死亡教導了我們生命的眞理。

我和他的諮商奇蹟似的，在那一天結束，經由臨終體驗，將他過去「不想活」的念頭轉換爲「不想死」的決心。我也經由臨終體驗獲得改變，未來雖不知何時死亡，但在死去的那一天，我不想像那天一樣對家人、認識的人充滿抱歉。

你在面對死亡的時候，會看到什麼？

正是子女們的臉孔。

為了你的子女，
在迎接死亡的那一瞬間，你還是拚命想活下去吧？

電影《星際效應》（*Interstellar*）中

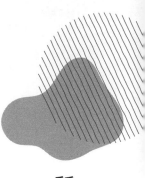

所有老人都是前輩

人們都稱呼老人「伯父」、「伯母」，我平常也是這樣稱呼，但有些時候不是，那些時候就是以老人爲對象演講，或進行老人集體諮商的時候。我去過全國各地的老人會館，見到非常多老人，在第一次見到他們的時候，我總是這樣開始：

「我不想稱呼你們伯父、伯母，我想換另一種稱呼。」

我一說完，他們的眼睛都睜得圓圓地，好像在等待我會稱呼他們什麼。

「我想稱呼各位『前輩』。」

生平第一次聽到前輩這個稱呼的人覺得非常生疏，許久沒聽到這個稱呼的人則非常高興。但無論是覺得生疏或高興的人，對於第一次見到的陌生人叫他們前輩，都覺得非常不自然。可是想想，其實這個稱呼也是正確的，因爲我也不是這些老人的兒子或女婿，而這些老人內心也覺得很滿足。

之所以稱呼他們前輩是有理由的。我過去見到的無數人中，雖然有很多青少年希望自己趕快成爲大人，但沒有人希望自己變老。雖然有些年輕人因爲內心不安，所以想再成熟一些，但從來沒有人說過希望自己變老。伯父、伯母，或老人家這類稱呼，從某個角度看來，似乎在強調年老，因此我找了很久代替這些稱呼的詞，終於想起前輩這一稱呼。

果不其然，所有人都很喜歡這個稱呼，他們說好像回到求學階段、尚未結婚的時期。只是更改稱呼，但他們的內心卻開始變得年輕。開懷大笑時，似乎連眼角的深刻皺紋也被熨過一樣，老人斑也似乎變得模糊，整張臉都明亮起來。托他們的福，我的心情也跟著變好，我們每星期見面一次的時候都一起笑著，我也一直叫他們「前輩、前輩」。

事實上，我比他們的子女都還要年輕，差他們太遠了。這麼年輕的我有時也覺得十分辛苦，比我多活兩倍以上歲月的他們又如何？只要稍微想像一下，都會自然而然地升起尊敬他們的心。他們曾經遭受到的苦痛，無論在數量或程度上，都比我超過兩倍以上，面對這些人生的前輩，如何能不尊敬？走過這樣艱苦的迢迢遠路，必定曾經跌倒；他們最珍惜的東西也必定被奪走，甚至失去最珍惜的人。每當此時，總是再度爬起來，拍拍身上的灰塵，抓住重心，才得以走到今天。

很可惜的是，他們並不覺得自己很偉大，也不覺得備嘗艱辛、走到今天自己的人生有什麼好誇耀的。他們總是說「大家都是這樣活過來的嘛！」、「人生本來就是這樣！」，覺得很不好意思。他們爲什麼會說自己的人生沒什麼特別的？或許他們並非覺得自己的人生沒什麼，而是因爲生活太過忙碌，根本沒有機會認眞思考自己人生的價值，而且也根本沒有人勸他們試試看。

每次演講或小組諮商的時候，我都會跟他們強調：

「也許我的腦袋裡裝進了一些醫學專門知識，可是人生經驗相當不足。各位前輩經由長久人生的經驗獲得的智慧絕對不是年輕人經由學習、讀書能跟得上的。」

當然，經由過去的生活，我也有屬於自己的經驗，但跟他們比起來，實在是差得太遠了。隨著人生的經歷，增加的不只是年紀，還有經驗。年紀不只是老化的程度，還包括了經驗的多寡，更是經驗值的指標。尤其值得注意的是，在那些經驗中痛苦、艱難的經驗。

對我來說，沒有自動變紅的道理，

那裡面有颱風，

那裡面有打雷，
那裡面有閃電。

正如同張錫舟的詩〈一粒紅棗〉的詩句一般，人類也是經過歲月的洗禮，歷經試煉和苦難，才能獲得成長。

每當我說「前輩們的經驗是無價的！」之時，他們總是遙望遠方。似乎在回想他們過去曾經歷過多少風雨、雷鳴、閃電，還有人咬緊雙唇、緊閉雙眼。

我因爲演講或諮商，可以見到許多前輩，但和我一樣大的人有這種機會嗎？在這個層面上看，我算是很幸運的人，因爲可以聽到前輩們的人生故事，接受經驗的傳承。

很可惜的是，現在一般人再也不尊敬老人。不過十幾、二十年前，尊敬老人是道義，也是常識。他們經歷各種試煉、苦難，生兒育女，當然應該得到相應的待遇。可是不知從何時開始，老人非但不再是應該尊敬的對象，他們存在的價值也變得非常模糊。過年過節的時候，子女們到國外旅行，孫子們上補習班、圖書館，忙得不可開交，可是老人們依舊等待，也許晚輩們會跟他們聯絡。

每個月底匯進他們銀行帳戶的零用錢，讓他們知道孩子還活著、過得還可以，他們也因此得以放心。他們也不會任意使用這些錢。事實上，對他們來說，最需要的並不是錢，而是能和孩子吃上一頓飯、孫子們的一句問候。

他們就算生病，也絕對不會讓別人知道；就算寂寞，也不會說自己寂寞。因為沒有人想聽，沒有任何人願意傾聽他們的心事。緊閉嘴巴的他們在我們的社會裡，愈來愈像是幽靈一般的存在。

我們究竟為什麼不再關心老人？也許是因為畏懼心理也未可知。看到這些完全沒有做好退休準備，卻逐漸老去的老人，我們害怕自己的老年也會變得和他們一樣，因而冷落他們也未可知。因爲無法正視，所以無法做出正確判斷；只看大概，所以會發生誤會；因爲眼光扭曲，所以會產生偏見。

我遇到的老人過去絕對不是弱者，反而曾經是強者，只是忘掉自己曾經強大的事實。這些都是我們造成的，我們忘記他們的勞苦和價值，他們也忘了自己的存在。老人們絕非一天到晚沒事幹，只知道吃飯而已，他們還有力氣，還能工作，只是機會很少罷了。

我們社會把年老一事塑造成十分頹然的印象，但我們每個人馬上都會老去，所以從現在起，我們應該再次正視老人。從現在起，我們應重新解讀老人。韓國的老人自殺率是世界第一，能夠洗刷這個汙名的唯一道路只有這個方法。

第四章

最近心情怎麼樣？

「我不想做了」的另一句話是，
「我還想做下去」。

「我想死」的另一句話是，
「我不想死」。

我只不過是說了
和真心不同的話而已。

就因為某件事、某個人，
我的期待為之破滅。

「我不想做了」就是因為
想繼續做下去的期待破滅。

「我想死」就是因為
想活下去的期待破滅。

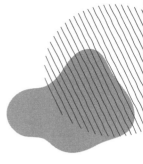

現在心情怎麼樣？(1)

調整心情的頻率

「現在心情怎麼樣？」

這是我在諮商時，經常會問的問題，每次平均都會問兩、三次，是爲了確認我是否能與對方感受到的情感產生共鳴。例如我在傾聽對方的話語時，如果我的心情感到「憤怒」，那就有必要確認對方的情緒是否也是處於憤怒狀態。如果不確認、直接略過的話，有可能會發生溝通的問題。用一句話來形容，就是做白工。

諮商的基礎是理解和共鳴。如果要強調順序，則理解是首要的，共鳴次之。如果眞正理解了對方的心情，共鳴就會隨之而到。至於理解對方的方法，一般人經常會說要「易地思之」，也就是要換個立場思考的意思。大部分的人都會同意這句話，但易地思之這句話存在致命的陷阱。以結論來說，就算換個立場思考，所有人不見得會有同樣的感受、相同的判斷，這正是問題所在。

甚至處於相同處境的人，他們的感受、思考以及後續行為都各不相同。假設有三個因為學校暴力問題而從高中退學的青少年，這三個人的感受都會相同嗎？不是的，根據他們如何接受情況，每個人的感受都不相同。

因此絕對不要陷入自己已經充分易地思之的自滿，過早認為現在我聽到對方的話語、感受到的情緒就是對方的情緒。因為是站在對方的立場「思考」，而不是我「變成對方」。

我在傾聽對方話語的時候，我的內心感受到的主要情緒是「憤怒」，但經過檢討後，如果對方的情緒是「悲傷」，那就意味我沒能眞正理解對方、產生共鳴。其理由是因爲我處於沒能完全將自己放空的狀態，就站在對方的立場之故。出現這種情況時，我會立刻承認自己的錯誤，再次回顧從何處開始發生錯誤。如果出現我相信自己站在對方立場的部分，我就會努力從那個部分尋找錯過的眞實。

根據經驗，我愈是將自己成長所經歷的個人經驗、學習過的知識強加在對方身上，則內心的頻率會愈來愈對不上。

每當我不自覺地想判斷、解釋，想盡快爲對方解決問題時，我都會在內心深處反覆說著：

「我什麼都不知道，要把內心放空，傾聽對方的話語。」

如此確認、再確認。

「現在心情怎麼樣？」

現在心情怎麼樣？(2)

將情緒進行分類

我在詢問對方心情時，通常會有幾種答案，「心裡暢快多了」、「內心激動」、「內心一片空白」、「心裡滾燙」、「心痛」、「胸口悶」、「心酸」等等。

令人惋惜的是，有很多人對於這個單純的問題無法做出回答。他們回答「不知道」或「沒辦法用話語表現」。有時也會說「我覺得今天來接受諮商太好了」，這個回答是不合邏輯的，因爲我詢問的是他們的感受，他們卻回答自己的想法。嚴格來說，感受和想法是不同的，感受是心裡的感覺，而想法卻是自己頭腦裡呈現的意見。

爲什麼人們會覺得表現自己的心情很難？我認爲是因爲沒有人問過他們。雖然別人也是如此，但連自己都未曾詢問過自己的心情。從某種角度來看，這其實是正常的，先要有關心，提問才會跟隨而來。我們從小到現在，從來沒有好好學過如何關心自己和他人的情緒，亦即我們的情緒一直被坐視不管。

有很多大人根據孩子們的行動，做出責備或稱讚他們的評價，可是會詢問孩子現在心情如何的大人委實不多。對於把玩具讓給弟妹玩的哥哥，不是只稱讚，還懂得詢問他們現在心情如何的父母究竟有多少？而對於推朋友的孩子，不是加以責備，反之，對他們的情緒感到好奇的老師又有多少？這種大人不常見的原因，也是因爲他們從小到大從來沒學過如何關注心情或情緒所致。

孩子們雖然經常聽到「今天學了什麼？」、「長大以後要做什麼？」等類似的問題，但卻幾乎從來沒聽過「心情怎麼樣？」的提問。若是他們哭泣，經常會聽到「不要再哭了！」的制止或「一點小事情就要哭嗎？」的責備。這些孩子長大成人後，第一次聽到「心情怎麼樣？」的提問時，無法做出回答也是當然之事。

在詢問心情如何時，有些情況是比回答不知道要好的，但還是有很多人不太清楚自己的心情。假設有人說自己心頭發熱以後，還附加說了一句「我也不知道這是什麼感覺」，出現這種情況時，我會最大程度地應用對方的語速、語調、臉孔表情、眼神或姿勢等非語言的因素，預測出對方的情緒，然後詢問類似「您現在感受到的情緒是不是接近於絕望感？」的問題。

有時候很幸運地一開始就正確猜出，但也有並非如此的情況，比如對方回答「我不太清楚，但好像不是絕望感」。這時候我會最大程度地提示對方現在可能感受到的其他情緒，一直到對方正確找到自己的情緒爲止。此時非常重要的是，我應該警惕自己是不是陷入易地思之的自滿，所以要反覆詢問對方，加以確認。

這樣的過程對諮商者和來訪者都非常重要，經由這個過程，諮商者能夠更加了解來訪者，來訪者也能懂得如何分類自己的情緒。只有在來訪者自己能夠關注自己的情緒、理解自己的內心之後，才可說已經開始進行治療。因此我的功用就是誠心誠意地幫助對方正確理解自己的情緒、正確地表現。所以我今天也如此詢問：

「現在心情怎麼樣？」

學習幸福得知的東西

幸福是主觀的

不管別人再怎麼用羨慕的語氣跟我說「你很幸福吧?」如果我感覺不到幸福，那就不是眞正的幸福。相反地，就算別人說「你好像眞的很不幸!」、「你怎麼會過成這個樣子?」只要我覺得幸福，那就是眞正的幸福。別人硬要我說幸福，也不會變得幸福;而別人希望我不幸，也不會眞的變得不幸。因爲幸福的基準在於我自己，感覺幸福是我自己的內心，而不是別人。

不要糾結於不能選擇的東西

幸福雖取決於自己的選擇，但人生當中，存在一些從一開始就無法選擇的東西。有什麼呢？首先，父母就是。父母和我的選擇無關，是已經決定好的。根據我遇到怎樣的父母，我生命的開始也不相同。父母的性格、養育態度、居住環境、經濟情況等條件給予我生命極大的影響。這些條件是與生俱來的，亦即是我不能選擇、也無法交換的部分。除了父母以外，還有很多是我不能選擇、也無法改變的。

可是有些時候，我們會想選擇那些無法選擇的東西，例如想選擇子女的性別。父母無法選擇要生女兒還是兒子，如果懷上女兒就生女兒，懷上兒子就生兒子。即便如此，還是有人會想做出不可能的選擇。對於這些人，我想告訴他們：

「請選擇不要做選擇！」

「不要自己招來不幸，想選擇絕對無法選擇的事時，正是不幸的開始！」

從我自己開始改變

想改變我周邊的人或環境，進而變得幸福，需要相當多的時間和精力，而且不能保證能獲得投資的成果，因此有必要將朝向外部的關心轉換爲內部。不要想改變他人或環境，代之以改變我自己。只要我還活著，無論何時、何地，改變自我的機會都是可能的。

當然這絕對不是容易的事，可是改變自我所獲得的幸福能夠久遠地、並且安定地持續。因爲周邊環境和狀況不知何時改變，只是受其糾結，自我的幸福將無法預測，也無法控制。在此意義上，受外界條件左右的幸福不能說是眞正的幸福。

必須再次強調的是，我們應該集中於自我的變化。如果因爲學習不足，導致感到自卑，那就應該多學習；如果因爲吃宵夜的習慣產生罪惡感，那就應該改掉這個習慣；如果對自己過於謹愼、內向的性格感到不滿、自責，那就應該盡早改變自己的性格；如果不能改正自己的性格，那就應該從改變負面評價自我的判斷開始著手。

幸福是培養而來的

幸福是創造而來，也是培養而來的。人是不可能在一朝一夕就可以改變的，外貌、學習、習慣、性格等都需要付出時間和精力，才能慢慢改變。而幸福也是慢慢成長，絕對不是某一天突然找上門的。不，正因爲幸福不會自己找上門，所以不能一直等待。幸福與幸運不同，突然出現的幸運也要善加管理，才會變爲幸福。

幸福不是用「是」、「不是」就可以回答的概念，它是程度的概念，亦即分數的概念。所以我不會問「你幸福嗎？」，而是詢問「如果幸福是一百分的話，你大概是幾分？」有人回答十分，有人回答五十分。說十分的人大概是覺得自己不幸福，但回答五十分的人呢？他們是幸福還是不幸福？是不是要說既不是幸福、也不是不幸呢？就結論而言，沒有必要強加判斷。回答十分的人，只要把自己的分數從十分提高到三十分就好了；而回答五十分的人，只要提高到七十分就好了。我們唯一應該做的只是提高幸福的分數，亦即培養幸福而已。

從現在開始，我要介紹我學習過的五種培養幸福的方法。

1. 領略生命的愉悅

剛開始聽到「領略」這個詞的時候，可能會感到生疏，因爲我們通常都是被追趕似的，沒有時間和心情去體會什麼事情。要想領略的話，就必須要有深度，要想有深度，就必須停下來。我過去的生活和領悟距離甚遠，結束一個課題之後，就要抓住下一個課題，然後再抓住下一個課題。吃一頓飯幾乎只需要花五分鐘，爲的就是增加工作的時間。有人說幸福就是懂得領略生命的愉悅，我非但不懂得領略，還把生命本身當成課題。過去我相信自己活得很努力、很忙碌、很充實，但事實卻是與幸福的生命完全背道而馳。

生活中有值得高興的事，也有令人生氣的事，會有愉快的事，也會有悲傷的事。

幸福的人比起生氣、悲傷的事情，內心更關注高興、愉快的事情。我過去經常感覺自己的喜悅很淺、悲傷很深，愉快很短、怒氣很長，因此生命的喜樂和愉悅經常被悲傷、怒氣掩埋。我沒有留給幸福進來的空間，幸福也自然遠離我。

我過去身處無止境的課題轉輪，一直不停止地向前滾動，但這樣的我也產生了新的課題——在轉輪上慢慢地降低速度，嘗試之後才知道眞不容易，但還是得繼續做下去，爲了獲得能領略生命愉悅的能力，爲了我的幸福。

2. 感謝自己擁有的一切

有人說，幸福的人對自己擁有的一切充滿感謝，所以我首先想到自己擁有的是什麼。

妻子、兩個兒子、父母、弟弟妹妹和小姨子，還有高中、大學同學、學長姐、學弟妹、精神科老師們，還有職場同事。雖然房子是租來的，但是我有一個家；雖然不是大車，但好歹我也有一輛車；我也有能工作賺錢的職場；還有一副醒著的時候經常在一起的眼鏡；無論我在哪裡，始終跟我在一起的手機；我還有經過十六年才取得的精神科專門醫師的執照。除了人、東西以外，我還擁有什麼？現在我之所以能寫書，還得感謝我的雙眼、雙手；諮商時，讓我能對病患的遭遇產生共鳴的雙耳和內心；經由演講，我才能傳達知識和經驗，這也得感謝我的嘴巴和帶我來到這裡的雙腿。

除此之外，我還擁有很多東西。可是我們經常仰望未能擁有的，關注自己沒有的東西，反而經常遺忘自己擁有的。「在家千日好，出門一時難」這句話就是只有離開家這個空間以後，才知其珍貴；家人也是要遠離之後，才會發現其可貴。在那之前，甚至會忘記自己有家、有家人的事實。

忘記和失去是相同的，如果忘記，就和沒有一樣，也就是失去了。所以從今天起，我們最好不要遺忘自己擁有的，我們最好不要因爲那些自己未曾擁有的東西而失去了自己擁有的，這正是我們感謝自己擁有的第一步。

3. 先向他人伸出援助之手

治療生病的人是醫師的責任，嚴格來說，醫師職業本身就是向他人伸出援手，尤其是精神科醫師，從事的即為向心理出現疾患而倒下的人伸出援手，將他們扶起來的工作。可是這裡存在一個盲點，就是「先」這個字，我是否眞的先伸出援手？好像不是。

在剛開始從事精神科醫師工作的第一個星期，我曾打電話去○○市的自願服務中心。

「喂，我是○○醫院精神科醫師林宰暎，我個人想從事免費諮商服務，請問有可能嗎？」

他們給我的回答是「對不起，我們沒有那種義工服務。」我很失望，差點沒跟他們說「就從這次開始吧！」我把自己的聯絡方式留給他們，並跟他們說，如果以後有這樣的服務，請他們聯絡我，可是無論我如何等待，都沒有任何消息。

於是我自己製作了諮商車，爲了率先伸出援助的手。

4. 忠實於現在

這句話和第一點「領略生命的愉悅」具有相關性。前面也曾經說過，我在做一件事情的同時，心裡總會想著下一件事。正因爲想盡快處理完手上的事情，有時會無法忠實於現在，只在乎未來。

我想起以前忘了在哪裡看到的漫畫，內容是一個男人在公司想著打高爾夫球；打高爾夫球的時候，想著女朋友；跟女朋友在一起的時候，卻想著公司的事情。這則漫畫的表現讓人很快了解無法忠實於現在的人所出現的情況，我們分明身處現在，卻總是後悔過去或擔憂未來，但過去和未來都是我們無法操控的時間。

我們能夠操控的時間只有現在，我們唯有集中心力於此時此地所做的事情，才有可能變得幸福。

5. 獻身於畢生可持續的目標

畢生這個名詞非常龐大，目標這個名詞不同凡響，但獻身這個單詞卻令人稍微有些吃力。什麼樣的目標可以持續一輩子？

目標必須要SMART，亦即具體（specific）、可測定（measurable）、可成就（achievable）、實際的（realistic），並且有定好的結束時間（time-limited）。

可是追求幸福層面的目標與此不同。培養幸福的目標可以不具體，雖在某種程度上可以測定和獲致成就，但其基準較模糊，因此可以不太實際，而且無法定下結束時間，因爲我無法預知自己的死亡時間。

所以反而更好也未可知。不須接受外界提示的各種基準所影響，只是爲了自己的幸福，獻身於我訂定的目標即可。

我不是「丟棄」金錢的人

第一次參加電視節目演出時，我被問到「爲什麼放棄那麼高的薪水，跑到街頭上呢？」就我看來，這個提問的重點不是以前薪水的數額，而是「爲什麼跑到街頭上？」，我以此爲重點，做了最適當的回答。

節目播出之後，各種訪談的邀請如雪片般飛來，打到中心的電話接連不斷，還接到了數十封電子郵件。大家都對我讚美有加，在這個追逐金錢的世界，竟然還有像我一樣拒絕金錢的醫師。當時雖有些心理壓力，但心想這也許能成爲大家知道我開始從事「諮商車」的契機。幾天之後，我接受一家雜誌社記者的採訪。不久之前，我生平第一次參加電視節目的演出，這次也是一樣，我第一次接受記者的單獨採訪，對於各種問題，我都盡心盡力地回答，一個多小時的採訪很快就過去。

不久之後傳來採訪內容刊載的消息，於是我加以確認。

「第一個月存摺上打印的一千萬元，這種激動沒能持續多久。」

這個令我羞愧不已的標題，讓我感到頭皮發麻。我口乾舌燥，花了一小時敘述我的價值觀，可是標題強調的卻是我以前拿到的月薪數額。而因爲月薪被公開，無意間讓許多人感到困擾。首先是我讓以前在同一家醫院工作的醫師處境困難，因爲自己的收入莫名其妙地被公開。另外，自從醫師的收入公開之後，醫院其他部門工作的同事產生被剝奪感。進行了解之後，發現受到影響的不只是在同一家醫院工作的同事。由於我在電視或訪談中直接說的話或間接被引用的文字，導致醫師們被歸類爲「只在乎金錢的集團」，因此遭到極大的誤解。這雖不是根據意圖或計畫形成的，但結果卻是如此。我表達的用意遭到埋沒，只剩下關於醫師收入的話題。

因爲內心充斥怨憤，我拒絕了所有電視演出和訪談的邀請，然後仔細檢討爲什麼事情會變成這樣，慢慢地我較能夠理解，站在導演、編劇或記者的立場來看，「眩惑」觀眾或讀者就是他們的義務。自己節目的收視率、報導內容的點閱數就是他們呈現自己業務成果的證明，因此，對他們來說，「月薪一千萬元」、「年薪上億」實在是太好用的噱頭。當我這樣自我調適之後，怨憤的心情在某種程度上獲得平息。更何況當初我自己也犯了錯誤，將我拿到的年薪數額說出口的人正是我自己，雖然當時我並不知道事情會變成這樣。

借用這本書的篇幅，關於「爲什麼放棄那麼多月薪，走到街頭上？」這個問題，我想完整地回答。

我不是因爲想放棄那份月薪所以才放棄的，而是因爲如果我想走上街頭、進行諮商，就不得不放棄這份薪水。有人從電視或報導的內容中看到我的故事，他們只記得我是「丟棄高額年薪的醫師」，但我並不是「丟棄」某種東西的人，而是「爲了獲得」才走上街頭。我也不是爲了對社會做出貢獻而推辭金錢，坦白說，如果想爲社會做出貢獻，反而需要更多的金錢。

也許有人會問我，究竟是想獲得什麼而離開醫院？我會如此回答，我想經由全新的經驗，獲得領悟和成長。爲此，街頭比醫院更加合適。如果只專注於醫院的工作，我就不可能獲得我所期望的全新經驗和成長。我想從事的工作是在醫院以外的空間諮商、演講，導正大家對精神疾患產生的負面偏見。我必須再次強調，我只是想做讓我心動的事情而已。

如果想做讓我心動的事情，對我而言，確保時間能爲我掌控要比金錢更重要。亦即如果我想將我有限的時間投入到我所期待的事情，那就不得不離開醫院。我是爲了想變得更加幸福而走上街頭，所以請記住我不是放棄金錢，而是爲了獲得幸福，從事挑戰的人。

也許讀完這段文字的讀者當中，有部分人又會在腦海裡將醫師分爲「只知道金錢」的醫師和不是那樣的醫師兩類，如果眞是如此，請這些人檢討一下自己是不是整天只知道錢、錢、錢的人。

我也可以罵人！

我曾以「情緒勞動者」爲對象做過演講。主辦單位所定的主題是「職務壓力管理」，我加了一個小標題，就是「以情緒勞動者爲對象」。

「情緒勞動」意謂壓抑自己眞實的情緒，遂行工作的勞動。因此情緒勞動者必須隱藏自己眞實的情緒，從事呈現自己虛假情緒的演技。臉上必須戴上掛滿笑容的面具，即便臉上充滿汗水、甚至無法呼吸，都必須繼續戴著這張面具。唯有如此才能掙錢，也才可以繼續留在職場。

問題是壓抑自己眞實的情緒，還得從事虛假的演技，必然要耗費十分巨大的能量。情緒勞動本身的難度極高，提到情緒勞動者，最先就會聯想到從事服務業的人，但也存在更多的職群受情緒勞動影響。可以說從事面對人的工作時，必須隱藏自己眞正情緒的人都是情緒勞動者。

情緒是不會說謊的，也許我們可以對別人隱藏或誤導自己的情緒，但對自身而言，自己的情緒是無法欺騙的，因爲情緒是由身體完整感受。但感覺到的情緒可經由壓抑加以迴避，亦即是可以強壓下來的。情緒勞動者即便不平、生氣、覺得受侮辱，但還是必須向對方露出微笑，壓抑自己負面的情緒，如此度過每一天。

即便以這種方式忍耐、一笑置之，但負面的情緒本身不會消失，如果不解決，將會層層堆積。而後有一天，當情緒庫超過容量時，就會瞬間爆發。我們無法事先得知其容量，只有在爆發之後才會知曉。

當情緒突破容量極限，一次性地爆發出來之後，其後遺症也會像過去的情緒勞動一樣，持續困擾本人。責怪自己爲什麼不多忍耐一些，或對於該時間、場所在一起而受到牽連的人產生罪惡感，但狀況已經發生，再如何自責也已經太晚。

想要預防這種情況，就必須及時釋放情緒，同樣地，我們無法預知自己情緒庫的容量，因此如果以忍耐到不能忍耐爲止的方式處理自己的情緒，則無異於放任情緒走向束手無策的地步。

在這場題爲「以情緒勞動者爲對象」的演講中，我準備了一段特別的時間，讓情緒勞動者消除長久以來累積的負面情緒。我要他們以後如果見到超乎常識之外、喜歡利用自己的權勢作威作福的人，就在內心裡如此反覆說道：

「這傢伙眞以爲自己是王啊？神經病！」

然後我要他們一起呼喊這句話三次。剛開始大家覺得很尷尬，只是以微小的聲音跟著喊；第二次嘴巴張得更大，聲音也變得稍大一些；第三次所有人都同心、同聲高喊，有幾個人甚至在喊叫完之後，因爲太過痛快，開始大笑起來。我們一起熱烈鼓掌，然後結束了演講。我從演講會場離開時，有位聽眾走到我的身邊，如此說道：

「林醫師，我從來沒有聽過這麼令人痛快的演講！我平時不太會罵人，可是一旦開了口，就覺得原本悶得慌的內心豁然開朗！」

就如同高壓電鍋有蒸氣排出口一樣，我們的內心也必須準備一個排出口，將累積的負面情緒排除。平常不會罵人的不只是那天在演講會場見到的那位。以「我也可以罵人！」的前提，讓相同處境的情緒勞動者聚在一起，內心爽快罵人的活動，也許只不過是微小且可愛的插曲，但即便如此，也要養成排除負面情緒的習慣，因爲我們無論如何都得在這個世界上活下去。

該審視的不是別人，而是我自己

即便是週末，手機仍亮個不停，可是我的手機沒有發出聲音，也沒有出現震動聲，因爲我調成了靜音。這在一年前還是無法想像的事，那時我會擔心會不會沒及時看到訊息，或沒接到重要的電話，因此總是將手機帶在身邊。

我之所以將手機調成靜音，是因爲擔心得到職業枯竭症候群，職業枯竭症候群可說是牽涉到生命存在與否的問題，是十分嚴重的病症。嚴重的職業枯竭症候群與精神死亡無異，所以「牽涉到生命存在與否」一詞絕非誇張的表現。用另一句話來說明職業枯竭症候群，就是Burnout症候群，如同字面的意思，就是一切都燒毀，只剩下灰燼的意思。用我在演講的時候經常使用的比喻來說，亦即「精神電池被耗盡的狀態」。

我們在看到手機電池剩餘量降到百分之十以下時，會想盡辦法盡快充電。相反地，當自己精神的電池剩餘量就算降到百分之十以下，自己卻無法認知該事實，因爲不像手機，我們無法用肉眼確認自己精神電力的剩餘量，於是錯過應該充電的時機。

我在成爲專科醫師沒多久也經歷過Burnout症候群，用一句話來形容症狀，就是自我喪失感。我是誰？我所在的這裡是何處？我要往何處去？我爲什麼從事這個工作？當這些令人難堪的問題橫擋在自己前方時，以往所從事的熟練工作突然變得陌生，弄不清楚應該從何處、如何再次開始、依憑什麼走到今天這個位置。打個比喻，就好像在平時回家的路中間，突然喪失了方向感，似乎再也無法像以前一樣工作的絕望和無力。

Burnout 症候群的原因是什麼？可說是步調調節失敗所致。正如同與生俱來的體力互不相同，每個人的精神能量也互異，因此有必要事先知曉自己的精神能量，但就算是知道自己精神能量的人也經常會超越該界限。

我們可以想像有個人在健身房的跑步機上跑步，他明明知道自己的體力適合以時速十公里的速度跑一段固定的時間和距離，但偶爾會加快速度，超出自己的能力奔跑，結果最後就會 Burnout，這個人明明很清楚，但為何還會過度加速？

原因可以歸納為以下兩種情況，一是我原本按照自己的速度，以十公里的時速奔跑，但有幾個人走上前來開始拍手。其中有一個人甚至跟我說可以試試看，再跑快一點，在飄飄然的情緒下，把速度提升到時速十二公里，掌聲愈來愈大，然後又想提速，於是把速度提高到十五公里，這正是過度加速的原理。

另一種情況則是發生在有人上來自己旁邊的跑步機時，剛開始按照自己的速度跑著，可是旁邊的人中間開始加速，於是突然感覺到自己似乎愈來愈慢。事實上。並非自己變慢，只是按照自己平時的速度而已，即便如此，因為擔心自己會愈來愈落後的不安感，於是不自覺地提升速度。

正如上述所言，過度加速的原因就在於希望獲得別人肯定的欲望，以及希望自己在競爭中贏過別人的貪欲所致。

專科醫師初期經歷 Burnout 的原因與此並無不同。我想趕快跟上比我更早考上專科醫師證照的同事腳步，於是產生競爭心理，另外則是我想獲得病患肯定的欲望。就在成為專科醫師的兩年後爆發，當時我覺得慌亂，我覺得自己再也不是懷抱熱情的人，感覺所有的一切都沒有意義，只是覺得空虛、無力。

經歷過 Burnout 之後，我才覺悟到自己過度加速的事實。那時我經常因為工作不吃午飯、下班以後還和病人家屬進行電話諮商、即便是週末也自發性地上班，甚至休假的第一天上午也堅持在會診結束後才離開醫院等，這些習慣在我經歷 Burnout 症候群之後才突然憶起。我是工作狂，Burnout 症候群正是找上像我這樣的工作狂。工作狂在職場裡被稱爲模範職員或有能力的人，所以更難從工作狂的惡性循環中脫離。另一方面，工作狂通常具有必須贏過他人才會甘心的性格，所以競爭心、好勝心極強，而工作狂通常也具有完美主義的傾向。因爲這種人即便是做同一件事也會消耗更多能量，因此對他們而言，罹患 Burnout 症候群只是已經被預告的災殃而已。

Burnout 症候群該如何預防呢？這個症候群的病因是過度加速，所以調整誘發過度加速的競爭心理和貪欲即可。尤其是即便沒有看得見的或故意設定的競爭對手，仍不間斷湧現的欲望，因爲該欲望幾近於原始的本能，可說是強敵中的強敵。所以必須先確實知曉一件事，那就是絕對不要想勝過欲望。因爲欲望從一開始就不是可以勝過的對手，所以不與其相鬥才是上策。相反地，最好能徹底了解欲望，並與其和睦相處。要想眞正知曉欲望，我們必須回顧幼年時期。

我們出生的時候，見到的第一個他人就是父母。有好長一段時間，父母會毫無所求地接受我（子女）的存在，但經過了該時期之後，唯有做到父母對自己的要求之後，才會獲得肯定，也就是從那時起，自我行動的決定主體從我更改爲父母。但也許有人覺得不能完全放棄自我，依照自己內心的好惡行動，於是受到責難。當然，如果我想做的事情和父母的期望相符的話，那再好不過，但更多情況下是二者並不一致，那時，只能在二者中擇一，順從或者反抗。

如果選擇順從，則會獲得認可。事實上，眞正的問題會從那時開始，因爲父母的期待會愈來愈高。在班上得到第十名時，父母會期望下次能得到第五名；當獲得第五名時，父母又會期望自己拿到前三名，這眞是讓人發瘋的事。即便如此，想起要讓父母高興，要得到父母的稱讚，於是減少睡眠時間，更加努力學習。幾天之後，也許是太好強了，於是流鼻血，這是身體發出的警訊，要我們別逞強，但仍無法停止，因爲想再次聽到父母的歡呼和稱讚、想成爲他們引以爲傲的子女。

小時候因爲沒有錢、也沒有自己的家，如果沒有父母，自己似乎也不可能存在，所以也許我們從那時就開始努力往前衝也未可知。爲了得到肯定、不被拋棄，然後變成習慣，長大成人以後還是繼續努力往前奔跑。也許是仍然想得到父母的肯定，也許是想獲得另一個代替父母、能夠左右自我的人的認可，這類想獲得認可的欲望，正是Burnout症候群的根源。

那麼該如何處理這種情緒呢？過去爲了得到掌聲而投向「別人」的視線，從現在開始應該轉回「我」的身上。

在沒有任何力量的幼年時期，別人，也就是包括父母在內的大人在我們的生命中佔有絕對性的存在。可是現在已然不同，應該告訴自己，我不再是小時候的那個孩子；應該告訴自己，不要再像那個孩子一樣，想得到大人的掌聲，而是已經成年的我應努力爲自己鼓掌。肯定自我的人不是別人，而是我自己，若能如此，則掌控人生主導權的人也會變爲自己，而我的速度也可以由我自己控制。如果能夠控制想獲得肯定的欲望，那麼不僅可以防止 Burnout 症候群的發生，而且可以眞正成爲自己人生的主人。

曾經有過一段時期讓我懷疑，究竟手機是我的主人，或者我是手機的主人。現在我的手機在平日晚上六點以後、週末整天都是開靜音，因爲我不想讓身爲主人的我受到不良影響，所以把手機的鈴聲關掉。

第五章

我也可以變得幸福嗎？

冬天再次降臨。

無論我們召喚與否，
冬天不會在意，
照樣再次降臨。

我們彼此緊挨身體、
撫慰彼此的心靈，
靜待寒冬過去。

無論我們願與不願，
時間一到，冬天就於焉消逝，
春天再次降臨。

我們是不是能彼此緊挨身體、
撫慰彼此的心靈，
一起等待春天到來。

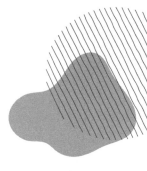

在申海哲❷紀念街道

今天是二〇一七年十二月二十八日，是今年最後一次開諮商車上街的日子，剛好今天是我的生日，對我而言，更具有特殊意義。今天訪問的地區是城南市，事實上，我從很久以前就想來這個地方，也是爲了這個特別的日子，所以才延遲到今天。自從我聽到城南市要建設「申海哲紀念街道」的消息後，就開始想像要在今天把諮商車開到這裡，今天正是讓我的英雄和我的夢想相見的日子。

編註：
❷申海哲（1968-2014），韓國男歌手，搖滾樂隊 NEXT 主唱，於二〇一四年因病逝世。

聽說氣溫會降到零下七度，所以我準備了幾個暖暖包。待會我將會見到一些心痛的人，我想把事先溫熱好的暖暖包分享給他們，他們離開諮商車的時候，再多給他們一個。

我今天還另外準備了特別的禮物，是迷你心形抱枕，因爲我想贈送給在我生日的這天向我傾訴苦悶的人，當然，我不知道他們是誰，他們也不知道今天是我的生日。

我比約定時間早一小時到達，我雖事先檢索了諮商車能停放的公立停車場，但需要一些尋找空位的時間，還得準備無法預料的突發情況，所以提早到達。更何況我今天計畫在開始進行諮商之前，先去參觀「申海哲紀念街道」，所以必須抓緊時間。我按照計畫，順利地在公立停車場停好車，因爲離停車管理處太遠，所以不能借用電力，幸好事先準備了一些暖暖包。

我突然對自己感到驚訝，如果在以前，我一定會再三試圖尋找其他的停車位，也因爲如此，在諮商之前，就幾乎耗盡心力。我今天並未這麼做，托過去各種經驗之福，我較能接受不合我意的情況。將車停好以後，我走向那條紀念我的英雄的街道，每向前走一步，我的心臟似乎就跳得更快。

我從小學高年級開始就非常喜歡申海哲，在我的眼中，他和其他歌手不同。他是唱歌的哲學家，也是教導我人生是何物的老師。他珍惜家人勝過一切，享受事業如同遊戲；他也爲了正義鬥爭，永不停止挑戰，所以我一直認爲他是我的英雄。

經過一條巷子後，出現轉角處。從地圖上看來，這個轉角處彎過去就是「申海哲紀念街道」，我懷著激動心情、走過轉角處的那一瞬間，咦？我開始懷疑自己的眼睛，想像中的街道並不存在，還是一片建築工地，地面上散落著鋼筋和木板，我燃燒許久的心瞬間冷卻下來，新聞報導明明說年底以前會完工的……。

我仔細察看周邊，發現很多地方都立著用藍色帆布蓋起來的奠基石，我走近其中一塊石頭，想要看看上面刻了什麼字，但字跡卻被塵土覆蓋，看不清楚。我毫不猶豫地用手拍掉塵土，文字開始逐漸顯現。不知不覺間，我拖著被凍僵的雙腿，走向另一塊石碑，再次拂開堆積的灰塵，字跡呈現出來。我合著凍僵的雙手，手指交叉，蜷縮蹲著，反覆讀了兩、三次，想讓這些文字能夠刻進我的內心深處。我把其中讓我感觸良多的字句用手機拍下來。

心有苦悶不須羞愧，
那是當然之事，
也許從這裡開始，
正是解決所有苦悶的開端。

這段文字尤其讓我印象深刻，也許是因爲我今天也是爲了聽取某些人的苦悶而來。向某個人訴說、分享自己的苦悶，這正是解決苦悶的開端。如果知道每個人都有苦悶、煩惱的事實，那就不會對自己的苦悶感到羞愧。當然，每個人的苦悶都略有不同，但也不是說每個人的苦悶都非常不一樣。五個人當中，也許有五種不同的苦悶，但一百個人裡面，絕對不會出現一百種苦悶。

如果認爲只有我自己擁有這種苦悶，那可能會對自己的苦悶感到羞愧，結果就是想掩飾或隱藏苦悶。亦即無法把苦悶視爲當然之事，想抗拒或否定。眾所周知，這樣做的話，苦悶並不會消失，我心裡的苦悶動不動就會來騷擾我，成爲我的絆腳石。解決所有苦悶的開端就是承認，如此才能正視苦悶，如此才能分享苦悶、共同化解。

待會要見的人都是要開始解決苦悶的人，因爲他們登上諮商車的那一瞬間就是開端。

如果說人生就像旅行，
那麼該旅行的目的並不是在到達的地方。

我以前為什麼不知道旅行就是，

可以看著窗外風景、和身邊的人分享愉快話題的過程？

旅行可以讓我們看到平時沒看過的風景，吃到平時沒吃過的東西。在旅行的過程中，會想起平時未想過的念頭，平時不曾受過的感覺。亦即旅行可以讓我們品嘗全新的體驗，或再次喚醒已然模糊的回憶，我認爲這才是旅行的目的。一言以蔽之，就是再次喚醒自我的過程。

從自己活動的有限領域或圍繞自己的框架中脫離出來的那一瞬間，我就已經不是過去的我。因爲以完全不同的角度去看世界，所以會對過去習以爲常的事物感到陌生，也因此會經歷過去認爲是理所當然的事情，此刻已不是必然的經驗。雖是全新的經驗，其實也未必，因爲只是與過去經常看到的、感覺到的不同而已。因爲經驗的主體改變，所以經驗本身也爲之改變。

人生也是獨自一人的旅行。那麼我們人生的目的究竟是什麼？不就是跟旅行的目的一樣嗎？多看、多聽、多思考、多感受。經由這些經驗的積累，我們的人生也會慢慢成長。

因此就像申海哲所說的，抱著從容的心情遠眺窗外，懷著激動的心情和身邊的人談話，我們應該享受名爲人生的旅行。在到達目的地之前，不要只是看著手機，如前所述，當經驗的主體——我改變時，即便是同樣的旅行，也會經歷不一樣的感覺。

正如申海哲所說的，人生旅行的目的不是到達，死亡也不能是生命的目的。所有旅行的目的就是在過程本身，在每一天積累經驗的瞬間。

緊緊擁抱這些悲痛、那些傷口，
我們仍得活下去，
未來的路會多麼遙遠？又會如何險峻？

而且還會有多少悲痛和傷口橫亙在我前方？
緊緊擁抱光榮與歡喜、悲痛與傷口，
我的心和我的樂器相融，
幻化成幾個小節的音樂，
然後讓我再次燦爛地回歸。

我讀到最後一句，眼淚不由奪眶而出。他說好要回歸，卻是永遠不能再回來了。必須爲我的英雄送行的悲傷湧上心頭，我也憶起失去我心目中英雄的傷痛。我們緊緊擁抱這些悲痛、那些傷口活下去。正如過往，我們的前方還有其他的悲痛和傷口等待著我們。正如我的英雄逝去一般，我還會失去另外一些人，可是我還是得活下去，爲了我必須守護的人、必須持守的東西活下去。無論如何，我得好好活下去。

到了我必須回到諮商車的時間，回到我必須回去的位置，我必須去迎接那些緊緊擁抱悲痛、傷口而活著的人。今天一定要更熱切地去擁抱他們傷痛的心，今天讓我感謝我們的誕生，也讓我感謝我們活著。

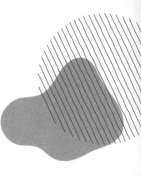

諮商車改名了

二〇一六年二月，我購買中古車，開始進行諮商，在一年五個月之後的二〇一七年七月，我必須將「去拜訪您的苦悶諮商所」名字改掉。這不是我自願的，而是有不得已的苦衷。不是一兩次，而是經歷了好幾次。

諮商車是我用自己的錢購買，並且親手佈置，再加上我親自駕駛到各地進行免費諮商。可以說是把我的金錢、時間和精力奉獻出來的社會活動，但是有人不允許我進行這種活動。

過去經常發生我把車停在公立停車場，但是遭到管理員阻撓的事情，理由就是停車沒關係，但是不能「營業」。

我曾經順利停好車後，開始進行諮商，但在諮商的過程中，聽到管理員的抱怨。他說原本以爲沒關係所以同意，但因爲接到檢舉，讓他的立場變得很尷尬，他要我立刻把車開走，或者停止諮商。我對接受諮商的人感到非常抱歉，因爲他正好不容易說出令他心痛的緣由。仔細想想，我對停車管理員也非常抱歉，因爲停進一輛奇怪的（？）車，他也必然倍感困擾。

我向他們兩位道歉後，把車停在原地，帶著個案到附近的咖啡廳繼續進行諮商。他原本在車裡幾乎就要流下眼淚，將開口述說自己的遭遇，可是在咖啡廳裡，因爲音樂和周遭客人的聲音，他無法再集中於自己的內心，我對此更感到抱歉。

幸好他是最後一位個案，告別的時候，我一再向他表達歉意，但即便充滿惋惜，卻也無可奈何。我想趕快逃離現場似地走回停車場，又向管理員致歉，然後離開停車場。那一瞬間，我突然想大發脾氣，檢舉人究竟是誰？與平時不同，那天回家的路上，我只覺得疲憊。當晚，我一個人在家裡喝酒，連中飯都沒吃，一直進行諮商，只覺得嘴裡充滿燒焦的味道，卻把一杯杯苦澀的酒喝掉。

以前還發生過令人無言的事情。我曾接到一封電子郵件，內容是醫師在申報的醫療機關以外的場所進行醫療行爲是非法的，精神科專科醫師在不是醫院的地方（諮商車）進行諮商屬於非法的醫療行爲。雖然沒有揭露自己的身分，但一眼就可以看出寄件人之所以發出這封郵件，絕對不是擔心我會被檢舉，要我注意，反而感覺他本人立刻就會舉報我一樣。我有點慌亂，坦白說，還有些害怕，所以查詢了相關法律條文。

地區保健法第23條（健康檢查等的申報）第一項

醫療人員如果想以多數地區居民爲對象，從事健康檢查或巡迴醫療等對居民健康產生影響的行爲（以下稱「健康檢查等」）時，應根據保健福利部令等規定，向管轄欲從事健康檢查等醫療行爲的地區保健所長申報。

根據法律，我在所屬的地區進行諮商是沒有問題的，但是如果去其他地區訪問，就會發生問題。解決方法可能就是我必須事先向每個訪問地區的衛生所長申報，或者強行辯解說我不是從事診療（諮商）行為，只是普通對話而已。但如果真要把我在才能捐獻或義工的名稱下從事的社會活動當作問題來看，那也眞的會發生違法的問題。我覺得很難堪，未來應該怎麼辦呢？懷著複雜的心情，我在SNS上留言，希望大家幫助我找出最小限度的防禦策略。

我雖是精神科醫師，

但在那之前，我是一個人。

如果別人覺得我是精神科醫師，

那我就是醫療人員。

如果別人覺得我是孩子的爸爸，

那我也只是一個父親。
如果別人覺得我是中心執行長，
我就是中心執行長。
如果別人認為我是社會活動家，
那我就是社會活動家。

雖然可以把我從事的活動
看作是診療行為，
但也可以看作是當義工，
也可以視為才能捐獻。

諮商車這件事，
絕對不是醫療人員的診療行為。

我只是以一個人，
幫助那些痛苦的人而已。

這段文字是我為了處於委屈、恐懼情況的自己辯駁所寫下的，也是我為了拜託大家協助我，讓我能繼續從事這份工作所寫下的文字。請大家務必要理解我、支持我。可是現實並不如我所願，從各處發來各種帶著憂慮的訊息，例如「你還是小心行事比較好」、「如果想做好事，卻好心沒好報，怎麼辦？」，這些話都是正確的。

之後有好幾天睡不好覺，在深思熟慮後，我做了兩個決定。第一、我決定更改諮商車的名字。「去拜訪您的苦悶諮商所」標榜了諮商這個非法行為（？），過去經由媒體，這個名字已經為人所知，現在要放棄，實在有些可惜，但還是得改名，重新決定的名字是「去拜訪您的心靈充電所」。當時我的內心處於非常疲憊的狀態，實在是急需充電，所以想起這個名字。我在心裡祈求，千萬不要再有人批評這個專爲疲憊、痛苦的心靈充電的地方是非法診療室了。

其次是我決定減少活動的範圍。爲了進行更安全、穩定的諮商，我沒有其他選擇。但我決定截至年底爲止，將按照原定計畫進行。若是發生問題，屆時再尋找解決的方法。我也決定將暫時維持「不考慮後果」的精神（事實上，也是因爲秉持這種精神，諮商車才得以誕生）。而因爲活動範圍受限，我也考慮是不是要把「去拜訪您的」這句話刪除，但基於總有一天會不局限於特定地區、從事廣範圍活動的意志，決定保留。

不知道能不能視爲幸運，到目前爲止還沒有人對我提出訴訟、告發，但未來會如何發展，沒有任何人能預知。

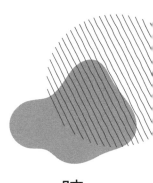

時隔一年傳來的消息

去年有個高三考生發電子郵件給我，告訴我他內心的苦悶。他說自己想考醫學院，但又擔心一旦踏進去之後，剩餘的人生就得這樣決定了。不能走其他路、也似乎無法開創新的路，所以心裡壓力很大。他說自己不想一輩子只從事一種職業、做同一件工作。

他的苦悶讓我不由自主地仔細思索，因爲我在很久之前也有相同的煩惱。身處一旦決定後，似乎就無法改變的抉擇之前，猶豫、躊躇無疑是當然之事。

但事實上，那個學生已經知道即便是進入醫學院，也不是一定只能走成爲醫師這條路。他說看了我的訪談報導和電視節目後，找到我的電子郵件信箱，並跟我聯絡。

這句話的意思就是經由我的情況得知就算成爲醫師，也不是非得一輩子待在醫院工作的事實。他只是需要確認，所以我這樣回覆他：「就算進入醫學院，不是所有人都成爲醫師；而就算成爲醫師，也不是只能在醫院工作；另外，就算進入醫院，也不意味一輩子就得待在那裡。」

實際上，我就是如此。我進了醫學院，可還是考慮要不要走其他的路；當我成爲醫師之後，我還是在摸索其他的路。其結果就是我決定離開醫院、走入社會，幫助那些內心痛楚的人。

反正人生就是一連串的選擇，正如同上大學/不上大學、談戀愛/不談戀愛、結婚/不結婚、生孩子/不生孩子一樣，在每個時期都會有必須做出決定的選擇。又如我要像/不要像父親一樣生活，我要像/不要像母親一樣生活，必須做出決定整個人生方向的選擇。在面臨所有選擇時，我們應以眞摯的態度面對，但沒有必要強迫自己絕不更改當初的決定。人們進入心目中理想的大學後，有人還是會退學；決心不談戀愛，但還是會陷入熱戀。我曾決定不結婚，但在遇到我的妻子後，想法就變了；我也曾決定不生孩子，但卻生了兩個兒子。

我非常喜歡飲酒，但有一陣子曾戒掉這個喜好。我在戒酒將近六個月的時候領悟到，無論選擇什麼，其結果都是有好有壞，戒酒也是一樣。大致上，我們如果選擇A，就會思考獲得了A'，失去了A"，並在A'和A"之間掂量孰輕孰重。但是人生並非如此單純，有時選擇了A，可能會得到意想不到的B，也可能失去意想不到的C，因此我選擇A時，絕不會事先掂量獲得的和失去的。不僅是因爲變數太多，而且無論選擇什麼，都一定會獲得一些東西。假設我進行某些新的嘗試，一定會學習到或領悟到什麼，對我而言，這就已經很滿足了。

那個學生的苦悶並非要不要選擇醫學院的問題，表面上是說不想只走同一條路，但核心並非如此。他在擔憂好不容易進了醫學院，會不會不符合自己的性向，或醫學院的課程太難，怕自己跟不上。他提前對未來感到不安，提前擔憂進醫學院以後將會發生的事情。

因此我在郵件裡附加如下說明：

「無論你做出什麼選擇，一定會有收穫。比起失去的，我通常會更在意我得到的。人生不會因爲瞬間的選擇而被左右，相反地，人生必須不斷地做出選擇，直到死去的那一天。我們雖費盡心機想要按照計畫生活，但其實結果均非如此。」

至於要做出何種選擇，就取決於他自己的決定了。

時隔一年，我又收到他寄來的電子郵件，說自己進了醫學院學習。我太高興了，就好像當年知道自己醫學院合格的心情一樣。但另一方面，我又爲他擔心，「這孩子會不會過一陣子後，像我一樣彷徨？」若眞如此，他又必須再次做出選擇，那時候的選擇也將取決於他自己的決定。

一年之間，我又因爲新的選擇，自身的情況爲之改變，我從街頭的醫師再次成爲醫院的醫師。正確來說，從現在起，我不但是在醫院診療的醫師，同時也是走上街頭進行諮商的醫師。我在兩年前離開醫院的時候，心想絕對不會再回到醫院，爲了達到這個目標，我凡事盡心盡力，但我還是再次穿上了白袍，就如同以前的事情從來沒有發生過一樣。那是因爲老二發生了問題，所以我不得不修正自己的計畫。

人生在世，眞是愈活愈不了解，一年後，我又會變成何等模樣？會在哪裡做什麼？一年後，那個學生又會變成何等模樣？他以後會做出何種選擇？

醫師與病患之間

我在街頭和那些心裡痛楚的人進行諮商滿兩年後，再次回到醫院。雖是因爲老二生病，所以不得不做此決定，但還有另一個理由，是爲了保護、治療我自己。

在街頭的時候，挨餓、受凍、寂寞，其實我已經相當疲憊，但還是想撐下去。而且我早已做好心理準備，對於辛勞已生出耐性，但當時發生了意想不到的事情。挨餓、受凍、寂寞只不過是不舒服而已，但兒子的病對我而言卻是苦痛。我對生病的兒子充滿自責、羞恥心，我這個沒出息的父親甚至連這種苦痛都無法承受。

所以我回到醫院，說白了，其實是逃回醫院。我想快點躲到安全的地方，一個可以保護我、緩解我的痛苦的地方，一個讓我在疲憊時能夠休息和接受治療的地方。對我而言，那就是醫院。是的，與其說要撫養家人，不如說先決條件是我必須活下去，所以我回到醫院。

仔細思考，醫院是將病患抽離有害的環境，加以保護，也是治療瀕死病患的地方。以前我在這個地方給予病患幫助，但現在卻必須接受幫助，因爲我是心靈受傷的病患，所以需要醫院這個可以隱身和休養的地方。我在二〇一八年一月回到醫院，只有在這個地方，我才能得到安定的感覺。

回到醫院給了我很好的藉口，一個因爲在醫院工作而不能做其他事的藉口，一個可以隨時隨地告訴任何人不能做其他事的藉口。我還得到一個名分，作爲家長，可說是盡到一家之主基本職責的名分。我作爲醫師和家長，在一定程度上減輕了心中積累的自責和羞愧，但還是遠遠不夠。如果有人問兒子都生病了，你過去究竟做了什麼的話，我還是無法做出回答，我仍然是罪人。

我還應該做點什麼，因此下班後，我盡量不安排做別的事。例如讀書、寫作、準備演講等幾個月前還被視爲是理所當然的事情，現在完全停止。取而代之的是花更多時間跟孩子玩，更照顧他們。似乎唯有如此，才能從無法承受的自責和羞恥心當中解脫出來。雖然有些遲了，但我還是希望稍微塡滿過去付出不足的關懷。

有一天，我坐在診療室裡，突然想起幾名病患，不是我再次回來醫院後見到的病患，而是兩年前我辭掉醫院工作之前負責的一些病患，我對他們是否安好感到好奇。大概是身爲父親的罪惡感獲得某種程度緩解，於是才想起他們。

了解後，才知道他們其中有幾位在主治醫師離開醫院後過世，有人是獨自一人喝酒後病倒，有人是自殺。另一種自責和羞恥心又再次向我襲來。

離開醫院的時候，我發出豪言壯語，說要讓我國的自殺率降低。時隔兩年，再次回到醫院的我卻無法再如當時理直氣壯。

「我這兩年當中究竟做了什麼？連孩子生病都沒能及時發現，我負責的病患也……」。

我不自覺地咬牙切齒，我再也提不出任何輕率的辯解、可憎的藉口。我為了更美好的未來，離開了這個地方，卻將我負責的病患獨自留在這裡，而此刻我為了活下去再次回來，他們卻已經不在人世。我非常混亂，甚至到了懷疑我究竟是醫師、還是病患的程度。

為什麼離開這個地方？

為什麼又回來？

為了得到什麼而離開？

又是為了什麼回來？

為了誰離開？

又是爲了誰回來？

我只能在這裡找尋答案，
唯有如此才能獲得治療。

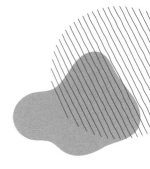

和病人擊掌

一個喝醉酒的年輕女性病人被送到醫院來，雖然是上午，但已經是酩酊大醉的情況。她的臉孔、手腳、小腿有幾處傷痕，應該是跌倒後在哪裡被刮傷的，但是她因爲酒意，感覺不到疼痛。她的臉孔泛紅，眼睛無法集中焦點。她好不容易跌坐在診療室的椅子上，身體一直往下滑，好像就要從椅子上跌下去。她不斷地呼氣，上班前已經通風過的診療室裡充滿燒酒味。

她的父母看不下去，所以才把她帶來這裡。說女兒是大學生，爲了喝酒，連學校都不去了。聽到這句話，她開口說道：

「學校有那麼重要嗎？媽媽妳只認爲出席很重要，我不重要，對吧？」

她瞪著媽媽，但那位母親完全無視女兒的視線和怨恨，而對於母親的態度，她也是發出哼聲，完全不予理會。她似乎有很多平時說不出的話想說，但卻仍是一聲不響。

相反地，她的父親開口說道：

「醫師，她從中學二年級就開始喝酒，已經是第六年了，因爲喝酒惹出的事端太多了。」

她不看父親，也不頂嘴，只是稍稍低下頭去，因此我再也看不到她的眼神。

「○○，今天是爲什麼來這裡呢？我覺得妳自己說說看比較好。」

她抬起頭看我，看起來似乎是「你會聽我說的話嗎？」的表情。不知道是懷疑，或是不想表態，她沉默了好一陣子，那位忍不下去的母親插嘴說道：

「醫師，一定要讓她住院！我們不只給過她一、兩次機會，絕對不能再不了了之了。」

那一瞬間，她的眼睛裡冒出火花，怒睜雙眼瞪著母親，並大聲吼叫：

「妳到底要說幾次住院的話？妳讓我住院看看，看我會不會咬舌自盡！」

由於我常常聽到這種話，也經常看到這種情況，所以一點也不驚訝。但是她母親聽到女兒要自殺的話，似乎嚇了一大跳。她看到母親眼神動搖，立刻變成超強硬姿態。

「我不知道妳爲什麼想把我關在這裡，但是只要讓我住院，從那一瞬間起，我就只會尋死，我會一直試圖自殺，如果這樣也沒關係的話，就隨妳的便吧！」

她母親不知道怎麼辦才好，於是父親插話說道：

「妳如果不喝酒的話，我們會把妳送來這裡嗎？妳完全忘了自己做錯什麼事，只是一味埋怨父母，對嗎？」

那一瞬間，氣氛變得非常嚴肅，到了我必須介入的時間點。

「○○，這裡是什麼地方？」

她似乎覺得何必要回答這種理所當然的問題，以厭煩的表情沒好氣地說道：

「精神醫院。」

我雖是故意問她這個問題，但從她的心理狀態來看，我覺得不能再問她此類問題。

「對，這裡是精神醫院，是治療內心疾病的地方。醫院是治療疾病的地方，不是因爲犯了罪，而來這裡接受處罰。可是我聽了剛才妳和父母的對話，妳好像覺得這裡是接受處罰的地方。」

我擔心她或她的父母會反駁，於是暫時停止，然後繼續說道：

「我是治療內心傷口、內心疾病的人，不是施加處罰的人。我只關注病患的內心爲什麼會受傷？他們的心有多痛？要怎麼做，他們的心病才能獲得治療？」

她流下眼淚，一滴，又一滴。看到她流淚的母親也流淚，於是母女開始一起哭泣。父親則緊咬嘴唇，低下頭去。只有安靜的抽噎聲和不時傳出的吸鼻聲充斥在診療室裡。我等待她們停止流淚。

一會兒之後，我問她剛才為什麼哭？

「我很難用言語形容，只是忍不住流下眼淚，突然，我沒辦法說明是什麼情緒。」

「沒有想起什麼想法或記憶嗎？」

「對，沒有。」

我可以理解因爲悲傷流眼淚的行爲，至於行爲背後的複雜情緒究竟是什麼，我還不能得知。於是我又繼續問道：

「妳喝酒喝到不能去學校上課的地步，當然是大問題，而且還必須到醫院來治療，這不能不說是嚴重的問題。可是現在比起要不要妳戒酒，更重要的是妳爲什麼喝酒？而且還喝到不能控制自我的程度。我對妳一直喝酒的原因感到好奇，如果有內心傷痛的原因，這可不是不喝酒就能解決的，治療創傷是最優先的。我再強調一次，這裡不是犯錯以後來的地方，是病人來的地方。妳能不能說明自己爲什麼喝酒呢？」

她的眼睛裡又充滿淚水，好像馬上就要潸然而下，但她努力忍住眼淚，不知不覺之間，眼睛出現光彩。

「現在雖然不能詳細說明，但曾經有過讓我非常痛苦的事情，是發生在高中的時候。我向父母請求幫助，我求他們讓我接受精神科治療，可是他們一直不肯，只是一直重覆，要我忍耐、再忍耐，說一切都會過去的。」

她又開始流淚，我感覺她的淚水裡有埋怨、委屈，絕對不是因爲悲傷才流下的眼淚。她用力擰鼻子，雖然沒有任何話語，但似乎能聽見她的聲音：

「以前求你們送我來，你們不送，現在爲什麼把我拉來這裡？」

我打破沉默說道：

「原來那時候發生了不能說的傷痛，當時沒能接受治療，一直到現在都非常痛苦。現在開始絕對不要獨自承受，我來幫助妳，無論如何，我們開始治療！」

我以爲她又會哭泣，但她不但沒有流淚，突然好像酒醒了一樣，睜大雙眼。

「我不要住院！如果我住院，絕對不會原諒父母和醫師的！」

我已經這麼努力地說明……，挫折感和疑懼心襲擊而來，但我努力忍住。最終我還是讓她住院，因爲很有可能再次因爲喝酒而發生嚴重的事情，而且她的狀態絕對需要住院治療。

過了一會兒，我上去病房看她，聽說她一進病房就哭了。我問她爲什麼哭，她說因爲害怕；我又問她現在怎麼樣，她說現在好多了，還問我什麼時候可以出院。才剛住院就提出了要出院的打算。我跟她說是不是能夠說一下她爲什麼會來到這裡，亦即內心的傷口爲何。她說可不可以出院以後接受門診治療，再慢慢告訴我關於她的事。這當然是可以的，但她因爲喝酒可以喝到不去學校，自然也很有可能因爲喝酒不來醫院。我向她說明了在不飲酒的狀態下每天持續治療的話，效果會非常好，接著我突然想起剛才她說過的話。

「妳剛才說如果我讓妳住院的話，妳絕對不會原諒我，現在還生我的氣嗎？」

「哎呀，那只是我討厭住院才這麼說的，我哪有什麼資格說原不原諒您啊？」

看她溫柔地笑著，我這才稍稍放心。

第二天一大早我接到她母親的電話，說自己太難受了，要求讓她女兒出院。身爲父母，一定整夜都無法入眠。她母親的意志十分頑強，於是我決定讓她女兒出院。我告訴她可以出院的消息後，她突然開始流下眼淚，是不是這個意外的消息讓她太高興而流下眼淚？

「如妳所願，可以出院了，爲什麼哭呢？」

她用手擦拭眼淚，然後說道：

「因爲生氣，父母讓我住院，這令我生氣。」

我想她也應該生我的氣，我的心情也變得非常複雜。我向她道別：

「我還沒聽妳說心裡的傷口，因為妳不想說。我非常想治療妳的傷痛，就如同妳昨天說的，可以的話，希望我們能在門診時間繼續見面。」

她沒有回答任何話，代之以張開手掌，打算和我擊掌。兩人的掌心接觸之後，我好像逃走似地離開病房，因爲我的眼淚好像就要流出來。

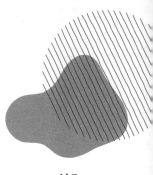

街頭與醫院之間

時隔兩年，我再次回到醫院進行診療，感覺到在諮商車上見到的人和醫院裡見到的人完全不同。在醫院見到的人完全可以、也不得不被稱爲是病患，因爲病情可說十分嚴重，在到達這麼嚴重的程度之前，爲何不到醫院進行診治？

無論是兩年前還是現在，精神科的門檻依舊非常高。根據調查，到精神科接受治療平均需要時間是十八個月，這個數據表示，一般人對精神科的心理抗拒感還是非常大。事實上，我之所以離開醫院，正是爲了想改善這個現實。對我來說，在醫院裡穿著醫師白袍等待門檻降低，是非常鬱悶的事。我曾判斷，同樣的話語，如果到醫院外部去說的話，其傳達力和影響力會更大。我曾期許自己要積極降低病患的心理負擔，縮短他們到精神科接受治療的時間。也就是說，我曾希望幫助那些處於心裡產生疾患之前的人，以及那些已經生病的人，讓他們在太晚之前，盡快到醫院接受治療。

可是隔了兩年，我回到醫院見到的病患和兩年前見到的人幾乎沒有不同，大部分依舊是重症病患，而且已經是錯過適當治療時機的人。

當然，我也並不期待會和兩年前完全不同，只是希望有一些小小改變，但卻完全感受不到變化。我不知道自己當初的嘗試正不正確，但絕對不能說這個嘗試對改變現實已發揮了力量。也許是我的方法錯誤，也許是努力或時間不夠，或是這個嘗試從一開始就不是我一個人的能力可以做到的。

「眞的很痛苦……，但是不知道應該去哪裡接受治療。」

在諮商車裡，我經常聽到類似的話。他們說不知道應該去精神科，還是應該去心理諮商中心。他們表示自己經常會自言自語：「我又不是瘋子，當然不用去醫院！」

不過還好他們來到了我的諮商車。

如果有人說自己去過心理諮商中心，我一定會稱讚他們。比起思考究竟要去醫院還是諮商中心，更重要的是，是否曾經接受過幫助。最大的問題是那兩個地方都未曾考慮過，於是從來沒有接受過協助的情況。在需要專門協助的時間點，如果獨自一人苦撐，最終一定會出問題。正如腸胃如果攝取超過能消化的飲食，一定會消化不良一樣，我們的精神如果承受超出負荷的壓力，心裡就會產生疾病。

事實上，無論是在諮商車見到的人，還是在醫院診療室裡見到的人，他們所經歷的壓力都沒有太大不同。壓力是從日常瑣事和人際關係而來，值得注意的是，受到壓力的期間有多長。在醫院見到的大部分病患之所以都處於必須立即接受治療的重症狀態，其原因就在於忍受壓力的期間太長，忍了再忍，結果超越了能夠忍受的界限。

也許是因爲大家都認爲醫院是生病以後才會去的地方，所以接受治療的時機都已經太晚，醫院其實也是負責檢查和預防的地方。尤其有些人對精神科抱有偏見，認爲那是瘋子才會去的地方，放棄接受治療。最終讓原本並不嚴重，但危險性較高的人找不到可以接受幫助的精神醫療機構。

每個地區雖然都有精神健康福祉中心，但和醫院相比，專門性略顯不足。由於此類中心不是健檢專門機構，檢查的條件相對低劣，而且很多中心沒有臨床心理專科醫師，此外，中心還必須負責案例管理、訪問保健、項目營運，以及與地區社會的各個機構連接等繁瑣業務。這也就是在精神病患日益增加的韓國社會裡，需要與醫院精神科相似水準的專門精神健康檢查機構的理由。到精神科接受治療需要十八個月的事實即意味著此期間不用說接受治療，連檢查都未曾做過的意思。我在醫院見到的人，正是十八個月期間，沒有接受過任何援助，心病日益嚴重的病患。

我有幸經歷過街頭諮商（諮商車）、精神健康福祉中心和醫院等訓練，親身經歷了精神病患發病的前後過程，因此我也切實感覺到精神疾患預防、早期發現、早期介入和治療的連接管道的重要性。在諮商車諮商時，如果發現發病危險較高的人，我會轉介到精神健康福祉中心，而在精神健康福祉中心見到的人當中，如果有已經發病的人，我就會把他們轉介到醫院。

我在精神健康福祉中心工作的三年期間，經常感到惋惜的事情是絕大多數人都不知道有這個機構的存在。我曾經工作過的精神健康福利中心開始營運已經超過二十年之久，但大部分的居民都不知道。中心雖透過輿論媒體進行宣傳，但其效果究竟有多少仍是未知數。

在街頭見到的人中，我想立即轉介幾位到精神科，但是大部分人都不想去，這都是因爲偏見尚未獲得匡正。因此不知從什麼時候開始，我會勸他們去精神健康福祉中心，大部分人的反應都比較正面，大概是因爲中心的門檻要比醫院低得多。

但是精神健康福祉中心並不能獲得滿足，正如前面所言，中心的專門性比起醫院要來得低。

所以我自己想像了一下所謂「精神健康檢查中心」的地方，正如週期性地接受健康檢查一樣，這個地方是週期性進行精神健康檢查的機構。只要是我們國家的國民，任何人在這裡都不需要在意別人的眼光、可以毫無恐懼地檢測自己的精神健康狀態，那是介於醫院和精神健康福祉中心之間的地方。

事實上，這種地方應該是國家要興建的吧？

善行是從模仿開始，幸福是從分享心意開始

求學階段雖曾因爲學校的硬性規定而捐款，但我自發性地從事捐獻，是從五年前開始。如果我按照過去的方式、想法生活，我大概還是會認爲捐獻是別人的事。對於過去的我而言，金錢只是爲了自己使用，或者爲了自己儲蓄而已。所以當我聽到賣壽司的老奶奶將畢生存下的錢捐贈給社會的消息時，我認爲是其他世界的事情。我獨自在內心如此想著：

「我如果以後成功、賺大錢的話，我也要像老奶奶一樣捐獻。」

但是這種「以後」未曾到來，事實上，這種想法就意味著我不會、也無法捐獻。

但是我卻改變了。過去「如果我能過上好日子，一定要幫助別人」的想法變成「幫助別人就是在過好日子」。我過去一段時間以來，都在閱讀關於幸福的書籍，拜此之賜，我了解了通往幸福的道路爲何。看到書裡描寫的，那些捐獻或當義工的人都很幸福，我也很想跟著試試看。所以我開始每個月捐若干金錢給兒童財團，並且開始去療養院的安寧病房當義工，所以我善行的開端是從模仿開始。

我曾經看過一則新聞，內容是有個人在過去二十多年間，每年以匿名的方式捐錢給孤兒院。當時我心想「眞是偉大的人」，可是不知從何時開始，當我看到類似的新聞時，我總會有如此的疑問：

「總有一天會像這樣爲世人所知，那爲什麼要堅持匿名呢？」

「做善事一定要不爲人知嗎？」

「讓周圍的人都知道，不是會讓更多人一起參與嗎？」

如果所有做善事或捐獻的人都隱瞞自己做善事的事實，那像過去的我一樣，從未做過善事的人，又如何能擁有改變的契機呢？所以我認爲做善事應該讓周圍的人都知道。

正如同我模仿別人一樣，我也希望有人能夠模仿我。仔細想來，我製作諮商車其實也是模仿曾參加tvN《Little Big Hero》節目演出的大邱聚愛醫院疼痛科白承熙醫師，對於她無私的醫療服務，我深受感動，於是決定從事諮商服務，其結果就是諮商車。我希望善行能像流行一樣普及開來。

事實上，過去有很多人希望捐錢給我，全國各地要求我告知帳號的人非常多，還有企業希望能公開支援我，但我都鄭重拒絕，因爲我不想以個人身分收取捐款。但其實我已無異於接受他們的捐獻，因爲他們成爲我的助力，正因爲他們的存在，我無論如何疲憊都還能維持笑容。

還有一些人是我必須感謝的，從二〇一七年二月起到四月爲止，經由DAUM的《Story Funding》，有五百七十五位向我做出捐款，我必須再次表示感謝。他們捐款的總金額是一千一百四十三萬五千韓元，DAUM《Story Funding》主辦單位扣掉手續費後，匯進我帳戶的金額是九百七十三萬四千韓元。按照約定，我將其中的六百零五萬八千韓元使用在諮商車的改造上，諮商室內部裝潢使用了一百九十八萬韓元。剩餘的金額完全使用在寄給二〇五人獎勵書籍一事。書籍出版比原本的計畫延宕了許久，讓大家等了太久，眞對不起。

還有人聯絡我，希望能清掃、駕駛諮商車，還有人希望現場服務，我對這些人表示感謝。另外以電子郵件、訊息等鼓勵我，爲我加油打氣的人，我也要向他們致謝。

正因爲這些朋友，我再次領悟到幸福是從分享心意開始的。

最後，我在此表明，因這本書獲得的收入將全部捐贈給援助發展障礙兒童的團體或財團。

【尾聲】

無論何時、何處、條件如何，讓我們見面吧！

活著，就有可能跌倒，
活著，就有可能生病。

跌倒了，會想要躺下來，
生病了，會想要尋死。

就算跌倒，就算生病，

請務必求救。

就算想躺下來，就算想尋死，

請務必求救，務必！

這是我在見到想尋死的中年男性那天，在日記裡寫下的文字。

這也是我想轉告現在、這一瞬間想尋死的人的真心話語。

我曾經見過為數眾多的人，
就算沒能直接面對面，
也一直在任何時間、任何地方、用任何方式見面。

我之所以能夠見到你，
是因為我活著，才有可能。
現在之所以能夠見到你，
也是我還活著，才有可能。

我現在和你一起活著，
我們現在一起活著。
我和你活在同一時代，
我們是共享回憶的人生同伴，
我的故事正是我們的故事。

我想引用我的英雄——
申海哲留下的訊息作為這本書的結尾。

那全部的星星，
是比你先離開的人
流下的眼淚。

因為了解世界的畏懼
所流下的眼淚，
將會引導
以後到來的人。

各種感謝留言

※下文是在林宰暎精神科專科醫師的諮商車——「去拜訪您的心靈充電所」接受過諮商的人利用電子郵件、部落格、SNS寫下的感謝留言。

醫師，托您的福，我找到工作了！雖然我有些結巴，但我覺得沒有關係，用我原本的面貌參加面試，最終獲得錄取。

聽到您說的「過去的事情持續影響現在，是因爲被過去的記憶緊抓不放」的話之後，我覺悟到過去和現在完全不同。能夠在面試之前和您進行諮商，眞是幸運的事。未來我也會記住您的忠告，從過去退一步，只忠實於現在，過好每一天的生活。

100p******

❖ ❖ ❖ ❖

經由DAUM的Story Funding，我認識了林宰暎醫師。二〇一七年二月六日剛過子夜，我在您的Story Funding留言板上留言，希望能和您諮商。當時我正被各種思緒所擾，處於相當憂鬱的階段。諮商日程很快確定，我是第二個和您進行諮商的來訪者。

「您為什麼總是認為一切都是自己的錯？絕對不要自責，因為那不是您的錯。」從小開始，我就接受一切都是身為長女的我做錯了的訓誡教育，但您的這句話澆醒了我。從我出生開始從未聽過這句話，現今仍然悄悄地改變我的日常。您不期待任何金錢、代價，只是以單純的心傾聽我的話語，這個事實在我的生命中成為巨大的安慰。 myun*******

❖❖❖❖

到去年夏天為止，我準備公務員考試長達七年之久，結果還是失敗，也與您進行諮商。我提及和丈夫存在著矛盾，就業準備的過程也太過孤單，在和您諮商的時候，我幾乎流了一缸子眼淚。我那天獲得了極大的勇氣，決心進行新的挑戰，是和您做的事情類似的工作。每次聽到您的消息時，我也不自覺地激動不已。眞是謝謝您！

bilg*******

❖❖❖❖

您眞摯地傾聽我的故事，有時也問我一些我自己都想不到的問題。您敏銳、溫暖的諮商成爲我極大的安慰。

和您諮商之後，我努力讓自己生命的方向慢慢改變。以前我受失敗感困擾，過著和外界斷絕的生活，現在我擺脫了以往的無力感，每天專注於眼前的工作。

chup****

❖❖❖❖

我過去習慣看家人的臉色，而且認爲因爲我是孩子的母親，所以必須放棄自己想做的事情，但現在我丟棄這類想法了。和您諮商之後，我開始挑戰在心裡構思兩年，卻從未付諸實現的事情，我想這種追求的過程就是幸福吧？

我理解到眞正的幸福不是立刻就能得到的，而是經由不斷的努力才能獲得。napp**

❖❖❖❖

我永遠記得在我幾乎無法呼吸的時候，您每一句讓我能夠再次呼吸的話語。眞是謝謝您！ john*****

❖❖❖❖

從來沒有人願意聆聽我的話，也沒有人願意理解我，從來沒有人願意和我站在同一邊。當我每天都想尋死、甚至做好計畫的時候，幸運地見到了您。見到 Hanky 之後，我現在的生命就像是撿回來似的。您是我如果死去，會比家人更心痛的人；當所有人都埋怨、責罵我的時候，只有您願意深刻理解我不得不然的情況。我永遠不會忘記您捨棄自己，只爲了幫助心痛的人。 circ******

醫師，我是在一年半之前給您手帕的學生。如您所說的，時間將會解決一切，現在覺得過去痛苦的情緒已經淡化不少。在我即將忘記痛苦的時候，又會有另一種苦悶到來，但卻不像以前一樣那麼痛苦了。一年當中，我感覺自己成熟很多，謝謝您向我伸出援手。 sons******

❖❖❖❖

醫師，我永遠記得那天您跟我說的話，有個人願意了解我的情況，對我而言，這就已經是最大的安慰了。您還記得嗎？您曾經問我過去的經驗會不會對現在熱愛的工作造成妨礙。坦率而言，因爲向您透露我的內心話，這股力量成爲我支撐下去的勇氣。希望您幸福。 jeon****

❖❖❖❖

❖❖❖❖

您不知道預約當天去諮商場所有多艱辛，您也不會知道我在那前面有多麼的猶豫不決。對我來說，那是極大的冒險。我以前覺得因爲人的因素讓我很辛苦，但您告訴我因爲人的因素也可以獲得治癒。 soga*******

❖❖❖❖

我將會順著內心引導的路走下去，而不是別人指示的道路。請記住對某些人來說，您存在的本身就是一股力量。 haru**********

❖❖❖❖

我是和您進行過諮商的足球選手。我的心情好多了，諮商剛結束的時候，我的內心也還是相當迷惘，不知道以後應該怎麼辦，但現在我能看到自己慢慢變好。謝謝您依然在那個地方。 figh****

❖❖❖❖

謝謝您向我投以眞摯的眼神，您是我畢生收過最好、永遠不會忘記的禮物。在每個想要放棄的瞬間，我都會記得您。　onel*********

❖❖❖❖

寒冷冬季的光化門，您溫暖地迎接未曾謀面的我。

那句「是什麼讓你痛苦？」的話，讓我猶豫要怎麼向陌生人透露心裡的話。但是您眞摯地聽我訴說沒有頭緒的話，讓我不間斷地說出從未開口說過的話。那天過後，我改變了很多，在忙碌的日程中，我也可以安排什麼都不做的日子；我也可以睡午覺；我也可以過宅女的生活。慢慢地，我的身體、心靈都獲得恢復。再次感謝您抽出寶貴的時間。　sang****

衆生系列　JP0202

我覺得人生不適合我：
歡迎光臨苦悶諮商車，「瘋狂」精神科醫師派送幸福中！
인생이 적성에 안 맞는걸요

作　　者／林宰暎（임재영）
譯　　者／盧鴻金
責任編輯／陳怡安
業　　務／顏宏紋

總 編 輯／張嘉芳
出　　版／橡樹林文化
城邦文化事業股份有限公司
104 台北市民生東路二段 141 號 5 樓
電話：(02)2500-7696　傳眞：(02)2500-1951
發　　行／英屬蓋曼群島商家庭傳媒股份有限公司城邦分公司
104 台北市中山區民生東路二段 141 號 5 樓
客服服務專線：(02)25007718；25001991
24 小時傳眞專線：(02)25001990；25001991
服務時間：週一至週五上午 09:30 ～ 12:00；下午 13:30 ～ 17:00
劃撥帳號：19863813　戶名：書虫股份有限公司
讀者服務信箱：service@readingclub.com.tw
香港發行所／城邦（香港）出版集團有限公司
香港灣仔駱克道 193 號東超商業中心 1 樓
電話：(852)25086231　傳眞：(852)25789337
Email：hkcite@biznetvigator.com
馬新發行所／城邦（馬新）出版集團 Cite (M) Sdn Bhd
41, Jalan Radin Anum, Bandar Baru Sri Petaling,
57000 Kuala Lumpur, Malaysia.
電話：(603)90563833　傳眞：(603)90576622
Email:services@cite.my

內文排版／歐陽碧智
封面設計／耳東惠設計
印　　刷／韋懋實業有限公司

初版一刷／ 2022 年 10 月
ISBN ／ 978-626-96324-3-5
定價／ 400 元
城邦讀書花園
www.cite.com.tw

國家圖書館出版品預行編目（CIP）資料

我覺得人生不適合我：歡迎光臨苦悶諮商車，「瘋狂」精神科醫師派送幸福中！/ 林宰暎著；盧鴻金譯. -- 初版. -- 臺北市：橡樹林文化，城邦文化事業股份有限公司出版：英屬蓋曼群島商家庭傳媒股份有限公司城邦分公司發行，2022.10
面；　公分. --（衆生；JP0202）
譯自：인생이 적성에 안 맞는걸요 : 마음 아픈 사람들을 찾아 나선 '행키'의 마음 일기
ISBN 978-626-96324-3-5（平裝）

1. CST：心理諮商

178.4　　111013080

廣　告　回　函
北區郵政管理局登記證
北 台 字 第 10158 號

郵資已付　免貼郵票

104 台北市中山區民生東路二段 141 號 5 樓

城邦文化事業股份有限公司

橡樹林出版事業部　收

請沿虛線剪下對折裝訂寄回，謝謝！

|橡|樹|林|

書名：我覺得人生不適合我：

歡迎光臨苦悶諮商車，「瘋狂」精神科醫師派送幸福中！

書號：JP0202

橡樹林文化

讀者回函卡

感謝您對橡樹林出版社之支持，請將您的建議提供給我們參考與改進；請別忘了給我們一些鼓勵，我們會更加努力，出版好書與您結緣。

姓名：＿＿＿＿＿＿＿＿ □女 □男　生日：西元＿＿＿＿＿年

Email：＿＿＿＿＿＿＿＿＿＿＿＿＿＿＿＿

●您從何處知道此書？

□書店 □書訊 □書評 □報紙 □廣播 □網路 □廣告 DM

□親友介紹 □橡樹林電子報 □其他＿＿＿＿＿＿

●您以何種方式購買本書？

□誠品書店 □誠品網路書店 □金石堂書店 □金石堂網路書店

□博客來網路書店 □其他＿＿＿＿＿＿

●您希望我們未來出版哪一種主題的書？（可複選）

□佛法生活應用 □教理 □實修法門介紹 □大師開示 □大師傳記

□佛教圖解百科 □其他＿＿＿＿＿＿

●您對本書的建議：

＿＿＿＿＿＿＿＿＿＿＿＿＿＿＿＿＿＿＿＿

＿＿＿＿＿＿＿＿＿＿＿＿＿＿＿＿＿＿＿＿

＿＿＿＿＿＿＿＿＿＿＿＿＿＿＿＿＿＿＿＿

我已經完全了解左述內容，並同意本人資料依上述範圍內使用。

＿＿＿＿＿＿＿＿＿＿＿＿（簽名）

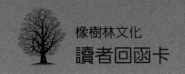